让孩子
内心强大的
父母语言

〔日〕足立启美◎著

李司阳◎译

北京科学技术出版社

子どもの心を強くする すごい声かけ

© Hiromi Adachi 2021

Originally published in Japan by Shufunotomo Co., Ltd.

Translation rights arranged with Shufunotomo Co., Ltd.

Through Shinwon Agency Co.

Simplified Chinese edition copyright © 2023 by Beijing Science and Technology

Publishing Co., Ltd.

**著作权合同登记号 图字：01-2022-6422**

**图书在版编目（CIP）数据**

让孩子内心强大的父母语言 /（日）足立启美著；
李司阳译. —北京：北京科学技术出版社，2023.3
ISBN 978-7-5714-2675-0

Ⅰ. ①让⋯ Ⅱ. ①足⋯ ②李⋯ Ⅲ. ①家庭教育 – 语
言艺术 Ⅳ. ①G78

中国版本图书馆CIP数据核字（2022）第230277号

---

策划编辑：秦维佳
责任编辑：付改兰
责任校对：贾　荣
图文制作：辰安启航
责任印制：吕　越
出 版 人：曾庆宇
出版发行：北京科学技术出版社
社　　址：北京西直门南大街 16 号
邮政编码：100035
电　　话：0086-10-66135495（总编室）
　　　　　0086-10-66113227（发行部）
网　　址：www.bkydw.cn
印　　刷：三河市华骏印务包装有限公司
开　　本：889mm×1194mm　1/32
字　　数：101 千字
印　　张：6.25
版　　次：2023 年 3 月第 1 版
印　　次：2023 年 3 月第 1 次印刷
ISBN 978-7-5714-2675-0

定　　价：55.00 元

## 战胜困难的能力至关重要

培养内心强大的孩子，使其灵活地应对各种困难，进而过上幸福的生活，是越来越多的家长的期望。

产生这种期望的背景是当前的社会大环境——越来越快的生活节奏、日益加重的学习压力、激烈的社会竞争……家长只能在不安中寻找答案：到底该让孩子学些什么？为他们选择什么样的道路才有可能规避各种风险呢？

作为母亲，我有同样的不安，也经常苦苦思索。有时我甚至想为自己的孩子创造一个没有任何竞争与困难的环境，让他被美好和善良包围。但最终我不得不承认，我安排不出如此风平浪静的人生，因为不顺心、痛苦和失败本来就是人生的重要组成部分。让孩子幸福的秘诀，不是想方设法帮他绕过困难，而是培养他对抗逆境并在逆境中不断成长的能力。这种能力是孩子在成长过程中逐渐获得的，是孩子最有力的武器，让他无论在什么样的时代或环境中都能够战胜困难，顽强地生存下去。

学界将这种对抗逆境的能力称为"Resilience"，它的意思是"复原力"。我们在听到"对抗逆境"的说法时，往往联想到毫不动摇、刚毅不屈的品质。其实，复原力指的是一种心理韧性。拥有这种韧性的孩子无论面对什么样的困难，都可以重新站起来。

那么，如何通过日常的交流来培养孩子的复原力呢？

## 每个人都拥有复原力

我一直致力于以心理学为基础研究复原力训练，主要目标是培养孩子对抗逆境的能力，帮助他们充分发挥自己的优势和才能。现在我将研究成果展示给各位家长。

有的家长可能认为复原力是一种先天能力，这种能力难以通过后天的培养来获得。但是，多名专家一致认为，复原力是可以通过训练获得的。其中，伊奥娜·博尼韦尔（Ilona Boniwell）博士更是在复原力训练方面进行了系统性实践，实践范围覆盖英国、法国、荷兰、日本及新加坡等国的教育界和商界，最终证明复原力训练成效明显。博尼韦尔博士是我所在的日本积极教育协会的顾问，同时也是欧洲权威的积极心理学专家，她的研究具有极高价值。

复原力这一心理学概念诞生于20世纪60年代至70年代。人们发现，一些孩子即便从小生活在复杂的家庭环境中，甚至他们的家长罹患精神疾病，他们依然能够健康成长，并且很好地适应社会。于是复原力就被用来指这些孩子拥有的适应能力与自愈能力。到了20世纪80年代至90年代，相关研究集中在培养复原力的方式上；进入21世纪，教育界开始关注儿童内生的复原力。

多年研究表明，复原力具有以下3个特征。

> 1. 复原力是人人都有的一种能力。
>
> 2. 影响复原力的因素很多，遗传是其中之一。
>
> 3. 复原力是一种可以通过训练获得的能力。

## 日常话语改变孩子的世界

复原力不是专业运动员或者各领域能人专有的，它是人人都有的一种能力。

本书将为各位家长介绍怎样利用日常生活中的话语，培养并提高孩子的复原力。

此外，我也期待本书能够帮助为人父母者提升亲子交流的质量，进而帮助孩子在遇到困难时稳定发挥自己的复原力。要知道，周围人的话语往往会影响孩子的想法甚至世界观。

有一次，我碰到了我在特殊教育学校任教时教过的学生。多年后再相见，他对我说："老师，您当年对我说'所有事情都在一天天朝着好的方向发展，你只要认真、努力、不放弃，就一定能越来越好'，您的话一直支撑着我。"听到他这么说，我在感到高兴的同时感慨良多：话语对孩子的作用居然如此之大，影响居然如此深远。我不禁觉得责任重大。

同样，为人父母者平时说的话，也会在孩子人生的关键时刻影响他。

这些话语是积极向上、充满力量的，还是消极悲观、打击性强的？我相信，不同的话语带来的影响是截然不同的。

上文提到，我们每个人都拥有复原力。但是，每个人的复原力的构成要素是有差别的。这些要素可能是孩子先天的坚毅性格，也可能是后天的外部引导，它们就像处于休眠期的种子一样藏在孩子的内心深处。家长要做的就是从日常的交流中发现藏在孩子内心深处的种子。

我将在本书中谈到如何利用恰当的话语来"唤醒"这些种子，并呵护它们茁壮成长。另外，希望各位家长意识到，父母及周围大人带给孩子的安全感、希望与联结感，是最适合这些种子成长的沃土。

当孩子内心的种子成长起来后，他就可以振奋精神，从容面对各种挫折，从困境中成功走出来；而在与挫折、困境做斗争的过程中获得的体验，将成为孩子最宝贵的精神财富，让他终身受益。

非常高兴与各位家长一起进行复原力训练实践。让我们脚踏实地、整装出发吧！

作 者 的 话

# 目 录

---

## 第1章　让沟通有效：父母必须掌握的7个秘诀

**第2章**　**不惧困难的孩子到底是怎样培养出来的：父母的实用话语**

越是内心脆弱的孩子，受话语引导的影响越显著

# "我家孩子是不是内心脆弱？"
## ——你有这样的担心吗？

　　家长看到孩子伤心、沮丧甚至一蹶不振但又不愿意表达他自己的想法，一定感到焦虑不安。

　　可是，人生的道路本就是不平坦的，孩子遇到困难是再正常不过的事情。

　　重要的是，孩子需要学会发挥复原力，重新站起来。

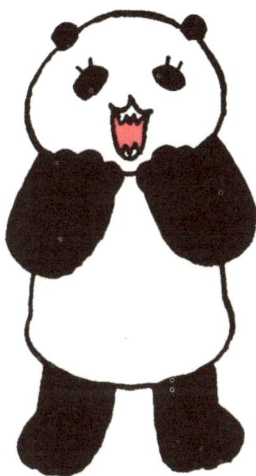

## 内心脆弱不是缺点，而是孩子个性的一个方面

很多家长会从一些事情的表象出发，产生"我家孩子是不是内心脆弱？"的怀疑，紧接着就会焦虑不安，担心孩子没办法面对生活中的打击。

其实，看起来内心脆弱的孩子往往拥有独属于他们的优势，比如心思细腻、性格温柔等。不过，拥有这些特质就意味着他们容易多愁善感。所以我们说，内心脆弱不是缺点，而是孩子个性的一个方面。

很多人认为，应对逆境与困难需要的是泰山崩于前而面不改色的强大内心。其实，所谓"强大"，有两种不同的表现：一种是有"硬碰硬"的精神，另一种是有在哪里跌倒从哪里站起来的复原力。

第二种强大并不意味着一个人不会感受到压力、伤心与痛苦，而意味着他能够在逆境中重新站起来，不被消极情绪击垮。我认为，这是当今的孩子最需要的。

我之所以这么说，是因为在这个变幻莫测的时代，出现任何意料之外的事情都不足为奇，没有人拥有完全掌控人生的能力。坚不可摧并不现实，正确看待失败，从中总结经验、吸取教训，重整旗鼓，才能最终收获遇水架桥、逢山开路的从容。

所以，内心暂时脆弱没有关系。事实上，越是内心脆弱的孩子，越能在具备同理心的同时，学会"温柔地坚强"，拥有在哪里跌倒从哪里站起来的复原力。

不过，心急吃不了热豆腐。炼体如是，炼心亦如是。家长要时刻关注孩子，给他足够的支持，帮助他战胜困难，持续磨炼他的心性，使他最终拥有强韧的复原力。

# 压力剧增的儿童世界

网络社交、校园霸凌、升学、人际关系……

现在的孩子面临着各种前所未有的压力。

儿童抑郁及自杀已经成了世界范围内的大问题。

在这个充满压力的社会，能够使孩子免于被压垮的，不是学历，也不是金钱，而是让孩子"温柔地坚强"的复原力——它才是带领孩子克服困难、应对变化，让孩子蓬勃向上的最强力量。

## 带领孩子走出困境的力量

同一个世纪前的孩子相比，现在的孩子每天都经历更多的变化、承受更大的压力，内心的活动也更加复杂。

新型冠状病毒引发的疫情等社会事件自不必说，升学压力、人际关系、亚健康等日常生活中容易让人感到焦虑的问题都会成为孩子压力的来源。

日本文部科学省①的调查显示，近年来日本中学生的逃学及霸凌现象有逐年增加的趋势。同时，青春期孩子日益突出的"宅"现象，也导致了他们成年之后难以适应社会。

当前，抑郁症的低龄化已经成为许多发达国家面临的问题。研究显示，患抑郁症的儿童容易表现出对他

①　日本的中央教育行政机构，相当于我国的教育部。——译者注

人的攻击性。由于抑郁症症状包括"有自杀的想法"，因此儿童抑郁症也与儿童自杀事件高度相关。现代社会的这些问题反映出儿童生存的艰难。

每位家长都有这样的愿望——"不想让孩子遇到霸凌""想让孩子好好上学""希望孩子身心健康、快乐成长"……但是，生活在这个充满压力的社会，孩子几乎不可能不遇到困难和挫折。

正因如此，家长不仅要抓孩子的学习，还要培养孩子应对困难与变化的能力。

我坚信，只要家长给予孩子足够的理解与支持，孩子就一定能够获得包括复原力在内的生存能力，从容应对各种困难与变化。

# 令世界瞩目的儿童心理健康教育

现在的孩子承受着我们大人未曾承受过的压力。

为了保护孩子的心理健康，全世界都在行动。

很多国家已经开始推广复原力训练。人们在关注孩子学习能力的同时，也注重培养孩子应对挫折的能力。

## 世界各地正在推进儿童心理健康教育

上文提到，现在的孩子承受着前所未有的压力，他们生活在心灵容易受到伤害的社会环境中。

2020 年的调查显示，在英国，5 ~ 16 岁的孩子中每 6 个就有 1 个患有心理疾病。还有报告称，英国 14 岁的女孩中每 4 个就有 1 个有过自残行为。在这种情况下，英国政府在儿童心理健康教育方面投入了大量资金。

新加坡的情况与英国的相似。2018 年的调查显示，新加坡 18% 的 18 岁以下少年和儿童有罹患心理疾病的经历，且这个数字有逐年增大的趋势。

受以上形势影响，其他国家也开始为保护孩子的心理健康而努力，想方设法推进儿童心理健康教育。

在推进儿童心理健康教育的过程中，有一个绕不开的概念——复原力。

美国、澳大利亚、英国、新加坡、印度、中国等国家都在进行复原力训练的研究与实践。2014年我曾对新加坡某名校进行访问，当时这所学校已经全面推行复原力训练，致力于促进学生的心理健康。

目前，我在日本以儿童期至青年期的孩子们为对象，推进复原力训练项目的实践。同时，日本积极教育协会（我在这个协会担任代表）也在积极推行复原力训练，实践场所遍及学校、适应指导教室①、课后辅导班等，旨在探索适合不同性格、不同背景的孩子的教育方式。

成果十分可喜，孩子们发生了各种各样的积极变化。下面我会详细介绍。

---

① 日本的校外机构，主要工作是与拒绝上学的学生所在的学校合作，针对学生开展心理咨询活动、课程指导活动等。——译者注

# 父母的话语是保护孩子的 "心灵疫苗"

就像疫苗可以保护孩子的身体健康一样，父母的话语可以保护孩子的心灵。

在面对困难、逆境时，孩子有没有"接种"过这种"疫苗"，将极大影响其心理状态。

## 父母的话语可以让孩子免受压力与抑郁的侵袭

世界各国都在尝试通过复原力训练帮助儿童预防抑郁症等。在此过程中，一个事实逐渐明朗——培养孩子的复原力有助于提升他们对困难和逆境的耐受力，起到类似于接种疫苗的作用。

美国心理学会前主席、积极心理学创始人之一马丁·E. P.塞利格曼（Martin E. P. Seligman）博士开发了一个教育项目，其目的是教孩子从积极的角度看问题，学习处理人际关系的方法，从而预防抑郁症。这个项目被人们形象地称为"心灵疫苗"。事实证明，这个项目确实对孩子产生了长期效果。可以说，培养孩子的复原力就像为他们的心灵打疫苗。

塞利格曼博士最初的研究主题是无助感的产生原因、应对与预防。他发现了这样一个现象：当同一事件多次发生且无法被控制时，人们倾向于直接放弃努力。

由此，他提出了"习得性无助"这一概念。产生这种无助感的根本原因不是不可控事件本身，而是人们因为多次的失败经验而形成了"事情都是不可控的"的观念，进而放弃了一切努力。

因为习得性无助十分接近抑郁症，所以塞利格曼博士期望通过寻找缓解无助感的方法，为治疗抑郁症提供思路。他还以此为契机开发了前面提到的教育项目，旨在帮助孩子预防精神疾病。

之后，世界各国开始采用各种方式推行复原力训练，其中大部分项目都是学校层面开展的。本书要为大家介绍的是在家庭教育中家长利用日常话语培养孩子复原力的具体方法。因为父母或其他监护人是孩子最亲近的人，所以他们的话语是保护孩子心灵免受伤害的最有效的"疫苗"。

## 父母的话语是强心剂，可以改变孩子！

复原力可以保护孩子的心灵，而父母培养孩子复原力的秘诀在于使用恰当的话语。

培养孩子的复原力，不仅能使他的内心更强大，还能让他拥有成就幸福人生所需的各种能力。

## 父母的话语不仅能使孩子内心强大，还能激发孩子的潜能

复原力是在内因（个体内在的力量）与外因（友好的人与环境）的共同影响下逐渐形成的。内因指孩子内在的力量，包括人际交往能力、心态、自我效能感（个体对自己能否完成某一行为的信念）、自我认同感及共情能力等。外因指影响孩子的外部因素，包括家庭环境、亲子关系、家庭内部规矩，以及学校等外部机构所提供的情绪支持等。内因、外因都很重要，都不能被忽视。

我所在的日本积极教育协会对伊奥娜·博尼韦尔博士的"SPARK复原力项目"进行了科学改良，使其适合日本孩子。研究人员经过反复实践得出结论，复原力训练可以帮助孩子达成以下目标：

1. 理解和接纳自己的情绪；

2. 从消极情绪中快速走出来；

3. 灵活地思考问题；

4. 提升沟通能力；

5. 更好地应对新的环境和新的人际关系；

6. 控制自己的情绪；

7. 不断接受挑战；

8. 重视自己的个性；

9. 构建良好的人际关系。

本书提到的父母的话语，不仅有助于构建良好的亲子关系、使孩子的内心变强大，还能让孩子达成以上目标。

# 敏感的孩子也能快速拥有复原力

敏感其实是很好的武器。

平时对一些无关紧要的话语敏感的孩子，能迅速捕捉到重要话语中的信息。

实践证明，敏感的性格确实对复原力的培养有积极的影响。

## 正面的话语和友好的环境有助于敏感的孩子培养复原力

前文提到，内心脆弱不一定是缺点，反而可能是某种优势。日本积极教育协会的研究证实了这一点——敏感的性格对复原力的培养有积极的影响。

人们发现，在本书提到的"话语"的基础上面向高中生实施复原力训练项目后，那些敏感度高的孩子表现出显著变化，包括抑郁程度明显减轻、自尊自爱意识极大增强等。这说明敏感的性格对复原力训练是有积极的推动作用的。

敏感度高的孩子对某些细微的变化、声音及周围人的情绪具有极强的感受力。别人毫不在意的细节，他们都能敏感地捕捉到，因此他们容易心灵受伤，容易背负压力，平常的生活对他们来说可能困难重重，让他们身心俱疲。

但是，反过来说，这也意味着敏感度高的孩子容易受到周围大人及环境的影响。

　　因此，只要家长充分理解和引导他们，创造对他们友好的、能让他们充分发挥特质的环境，他们就能充分利用性格中积极的方面，向好的方向发展。

　　这就是我在前文中说家长没有必要担心自家孩子内心脆弱的原因。孩子越敏感、脆弱，就越容易受到正面影响，也就越有利于培养其复原力。

# 内心强大是提高学习能力与人际交往能力的根基

多项研究显示，孩子在接受复原力训练后，学习能力与人际交往能力都有所提升。

坚持学习、迎难而上的决心，以及与人交往、敢于试错的勇气是孩子的宝贵财富。

一个人内心强大，会给他的学习和工作带来积极的影响。

## 让孩子内心强大的话语可以进一步助力学习与人际交往

当前，包括复原力在内的非认知能力（技能）备受学界关注。不同于可以用成绩来衡量的学习能力等认知能力，非认知能力指的是不可见且较难用数字来衡量的内在力量。经济合作与发展组织（OECD）将非认知能力称为"社会与情绪技能"。

我目前进行的积极教育研究着眼于提升孩子的非认知能力，以期增强孩子的内在力量，让他们拥有坚强生活下去的能力。具体来说，积极教育的主要目标是培养孩子的复原力（积极心理学的基础）、性格优势和获得幸福的能力（比如处理人际关系的能力及寻找人生价值的能力等）。

非认知能力为何如此重要？根本原因在于，它是学习能力的基础。非认知能力也被称为"面向学习的能力"，包括好奇心、协调性、自控力、自主性等，能够对学习起非常强大的推动作用。特别是在当下，填鸭式教学已经让位于自主学习，孩子必须具备自主探究的能力。

美国的一项研究显示，对孩子进行心理健康教育能有效增强他们的主观能动性，进而提高他们的学习成绩。研究人员认为，这缘于孩子拥有了面对学习上的困难不轻易放弃的心态。还有研究显示，复原力和幸福感强的孩子心理更健康，抗压能力更强，更愿意从事需要强烈社会责任感的工作。

父母的话语就像指路的明灯，可以帮助孩子战胜逆境，过上美好的生活。

# 📖 序章总结

## 风险预防和能力培养两手抓

英国经济学家理查德·莱亚德（Richard Layard）等人的研究表明，比起学习成绩，心理健康对个人的人生满足感影响更大。

如果说判断人生成功与否的标准是经济实力，那么毫无疑问，培养孩子的学习能力十分重要。不过，如果将过上幸福生活当作人生的首要目标，培养孩子的价值观就成了关键。毕竟，幸福不是用金钱买来的。

也就是说，虽然家长往往容易将精力倾注在孩子的学业和就业上，但是长远来看，光靠这些无法让孩子感受到真正的幸福。

那么，家长怎么做才能让孩子的内心萌发幸福的幼芽呢？

积极教育主张，风险预防和能力培养两手抓。

风险预防指的是通过复原力训练帮助孩子预防抑郁症等精神

疾病，使孩子患心身耗竭综合征①等的风险降低。能力培养指的是鼓足孩子的干劲、发掘其个人优势以及培养其人际交往能力等。

风险预防与能力培养相辅相成、共同作用。家长可以运用恰当的话语来达到风险预防和能力培养两手抓的目的，从而培养孩子强大的生存和生活能力。

---

① 指由于压力等因素，身心疲惫、失去干劲甚至感到厌倦的状态。——译者注

## 第 1 章

让沟通有效：
父母必须掌握的 7 个秘诀

秘诀 **1**

# 接纳孩子的消极情绪

　　家长都希望自己的孩子阳光开朗，在孩子因遇到困难和逆境而表现出悲伤、愤怒等情绪时，总是不由自主地去否定他的这些情绪，急着帮他改变心情。有时为了尽快达到目的，家长甚至会责骂孩子。

　　其实，困难和逆境恰恰为孩子提供了练就强大内心的宝贵机会。这个时候，家长不要急于否定孩子的消极情绪，而要接纳这些情绪，并用恰当的话语与孩子交流，从而帮助孩子培养强大的复原力。

　　接下来我将告诉各位家长怎样做才能接纳孩子的消极情绪，怎样说才能让孩子的内心变得坚强。

　　我们每天都有各种各样的情绪，我们对情绪的感受会随着年龄的增长发生变化。例如，婴儿期的孩子只能简单地感受快乐或者不快乐，在之后成长的过程中他们渐渐感受到高兴、愤怒、悲伤、恐惧等复杂的情绪。

然而，家长往往容易忽略孩子的这种"情绪成长"，因为它不像孩子会走路、会写字一样明显，不容易被发现。家长有的时候即使发现了，也不一定意识到这是一种成长，比如兄弟俩因为嫉妒而大打出手时，家长可能只会觉得生气或者厌烦。

因此，孩子的"情绪成长"往往缺少家长的支持。但是，要想让孩子茁壮成长、拥有幸福人生，家长必须关注孩子的"情绪成长"。

## 消极情绪是为了守护重要事物而产生的

培养孩子坚强内心的基础是让他学会与自己的情绪共处，即培养情绪智力（即"情商"）。情绪智力指的是认识、理解和处理自己及他人情绪的能力。研究表明，这种能力使人善于选择和优化行动，有助于建立良好的人际关系、取得优异的成绩。儿童情绪智力的高低受他们在家庭中和学校里所接触的成年人的影响，所以家长和老师要与孩子谈论、分析孩子自己及他人的情绪，让他们学会接纳自己的情绪。

"道理如此，具体怎么操作呢?"很多家长可能有这样的困惑。我们首先从理解情绪入手。

心理学将我们每天感受到的各种情绪大致分为两种——积极情绪和消极情绪。积极情绪如高兴、安心等，令人感到愉快;消极情绪如悲伤、不安等，令人感到不快。

不过，这个分类标准基于情绪是否令人愉快，这并不意味着积极情绪就是好的，消极情绪就是不好的。每个人都有积极情绪和消极情绪，它们有不同的作用和意义，都是非常重要的。

那么，令很多人不快的消极情绪，究竟有什么样的作用和意义呢?举个例子，如果走夜路的时候背后传来窸窸窣窣的声音，我们可能心跳加快、吓出冷汗，而这有助于我们集中注意力，做好逃跑的准备。也就是说，恐惧有助于我们做好逃生的准备。其他消极情绪同样有非常重要的作用。愤怒提醒我们珍视的东西受到了侵犯，让我们迅速采取行动;悲伤告诉我们失去的东西有多么重要；消沉这种情绪则释放出"身心疲惫"的信号，提示我们该休息了。

总之，从人类演化的角度来看，消极情绪与人类生存的本能有关，可以保证我们的生命安全。正因为消极情绪有如此重要的作用，人们才更容易感受到消极情绪，更容易记住令自己不快的事情。这种现象叫作"消极偏见"。家长容易注意到孩子做不到、不擅长的事情，也是因为消极偏见在起作用。

每当看到自己的孩子处于消极情绪中，家长总是忙着鼓励他，试图让他迅速"阴转晴"。相信各位家长现在已经明白，让孩子学会与消极情绪共处，在消极情绪状态下也能从容做事，恰恰是培养孩子强大的内心所不可或缺的。

今后，再看到孩子表现出消极情绪时，家长不必急于揣测孩子陷入这种情绪的原因，更不必急着让他改变心情。家长首先要做的是与孩子沟通，认真倾听，认可并接纳孩子的情绪，给他足够的时间去感受这种情绪，与这种情绪共处。在此基础上，家长再去帮助孩子调整心态、解决问题。

## 用语言描述孩子的消极情绪

家长知道孩子有情绪消极后，该用怎样的方式帮孩子改变心情呢？答案是，用语言把孩子的心情描述出来。

孩子听到家长用语言准确描述出这种消极情绪后，会觉得如释重负，不再执着于引发压力的事物，心灵的伤痛会因为家长的理解和接纳而得到治愈。家长若能坚持这样做，久而久之，亲子之间的亲密程度会大幅提升。

此外，家长自己在焦躁不安时，也不要一味克制这种情绪，可以通过语言描述来舒缓情绪。哪怕不说出来，只是在心里想一想也是有作用的，有助于平复情绪。

为了帮助大家更好地理解如何接纳消极情绪并用语言描述出来，我们来看以下实例。

小葵是一个9岁的女孩，因为没能和最好的朋友分到同一个班，她感到十分沮丧。放学回家后，小葵无精打采地对妈妈说："我没能和最好的朋友分到同一个班。"妈妈听了，说："没关系，你们放学后还是可以一起玩呀，而且你很快就可以交到新朋友。"看到小葵泪眼婆娑，妈妈接着说："如果你还这样哭哭啼啼的，那你连新朋友也交不到了。"

小葵的妈妈劝小葵结交新朋友，以此来摆脱沮丧的情绪。这样的劝说固然十分重要，但是小葵的妈妈忘记了一件很重要的事情，那就是关注小葵当前的情绪，充分理解、接纳这种情绪，并且用语言准确描述这种情绪。小葵的妈妈只有这样做，小葵才能放松下来，才能学会克服困难并且向前看。

小葵的妈妈可以面带遗憾地对小葵说"你觉得有点儿孤独，对吗？因为不能和你最好的朋友在同一个班了""不能和最好的朋友在一起，你一定很难过"……这样，小葵一定会觉得妈妈真的理解自己的心情。妈妈还可以进一步分析小葵伤心的原因："之前你和好朋友一直在同一个班，一下子突然分开，你是不是觉得害怕和不安？"妈妈用语言把小葵面临的问题描述出来，有助于小葵把握问题的本质，调节自己的情绪，从而减轻压力，用积极的态度看待问题。

承认孩子内心的痛苦，用共情式的话语说出来，能够减轻孩子的痛苦。因此，与其一味鼓励孩子向前看，不如先理解和接纳孩子的情绪，并用语言描述出来，这才是让孩子振作起来的办法。

用语言描述情绪其实是在给情绪分类，我们称之为做"情绪标签"。美国加利福尼亚大学的马修·利伯曼（Matthew Lieberman）教授在研究报告中指出，用语言描述自己的情绪，能够有效缓解消极事件所引起的压力。

孩子勃然大怒、号啕大哭等可能与没有做好"情绪标签"有关。孩子学会用语言描述自己的情绪后，就能避免自己的消极情绪失控。

此外，家长平时可以经常向孩子描述自己的感受，比如"妈妈找不到东西，很着急""爸爸支持的棒球队输了，真不甘心"等。这样有助于孩子了解人在不同状况下都有哪些情绪，进而对自己的情绪有更多的认识。

需要格外注意的是，家长一定要谨慎使用"心情好"或"心情糟透了"这样的说法。也就是说，不要给情绪定性。因为情绪没有好坏之分，拥有多种多样的情绪本身就是一种幸福。如果家长给情绪贴上"好"或"坏"的标签，那么孩子就容易认为消极情绪是不好的，进而认为产生消极情绪是不对的。所以，家长平时在描述情绪的时候，要尽量做到用词准确，避免使用"好""坏"这样的字眼。

当孩子能够精准分辨自己的情绪后，他就会逐渐注意到他人的情绪。例如，弟弟看到哥哥一整天都低着头不说话，就能推测出哥哥情绪比较低落。理解他人情绪的能力得到提升后，为了让别人心里舒服些，孩子会调整自己的言谈举止。如此一来，孩子的人际交往能力会大幅提高，孩子也会越来越从容。

## 储备足量描述情绪的词语

女儿 4 岁时发生的一件事，让我意识到孩子每天体验到的情绪多得超乎大人的想象。一天，她约了小伙伴来家里玩，但那个孩子因为家里突然有事没有来。我问女儿："不能和朋友一起玩，你很伤心吧？"可是女儿并没有表现出十分认同的样子。于是我想了想，又问："那你是不是觉得有些失望？"这次女儿重重地点了点头，表示认同："对，很失望。"我感到十分惊讶。本来我觉得她还小，可能还不太明白"失望"的意思，这才用了相对容易理解的"伤心"一词，没想到她居然已经明白了"失望"的意思。

孩子对正确描述自己情绪的语言十分敏感。家长只要按照实际情况，不加修饰和揣摩地进行描述就行，这样才能给出有效的"情绪标签"。同时，家长还要意识到，孩子的情绪终归是属于他自己的，即便是父母也不能完全感同身受。

因此，大家可以像我一样，猜测着问，试探着问，不用追求一下子问到点子上。大家也可以将下页的情绪示意图（图1-1）拿给孩子看，边看边问。在这个过程中，有两点十分重要：一是储备足量描述情绪的词语；二是理解和接纳孩子的情绪，做反映其情绪的"镜子"即可，不要过多地解读。

## 情绪会反映在身体上

孩子往往会通过身体上的变化感知自己的情绪。但是，年幼的孩子还不能准确地用语言将情绪描述出来，只能说个大概，比如"心里堵得慌""有点儿想吐"等，婴儿则只能用哭闹来表达。家长可以通过这些非语言的表达推测孩子的情绪。

芬兰阿尔托大学的劳里·努门马（Lauri Nummenmaa）博士带领团队做了一项主题为"情绪的身体地图"的研究。结果显

|  |  |  |  |
|:---:|:---:|:---:|:---:|
| 安心 | 讨厌 | 害怕 | 高兴 |
|  |  |  |  |
| 生气 | 悔恨 | 无助 | 兴奋 |
|  |  |  |  |
| 害羞 | 羡慕 | 悲伤 | 愉悦 |
|  |  |  |  |
| 失望 | 焦躁 | 孤单 | 惊讶 |

图1-1 情绪示意图

示，情绪与身体反应之间有着密不可分的联系。他们在研究处于特定情绪中的身体有怎样的反应时，发现人在愤怒的时候胸腔以上部位有反应，同时双手也有强烈的反应；人在伤心的时候，胸腔有强烈的反应，但身体的其他部位会变得没有力气。这项研究从科学角度证实了情绪变化明显反映在身体上。

孩子有时嘴上说没事，却耷拉着肩膀，用身体表达自己的悲伤。这时就需要家长进行恰当的引导，让孩子先学会描述自己身体上的变化，再逐渐学会描述情绪。例如，家长可以尝试问孩子"哪里疼？""是不是哪里不舒服？""心里堵得慌，有点儿想吐，是吗？"等。

当然，有的时候家长很难准确了解孩子的心情，因为孩子表达的可能并不是他最想说的，他在顾左右而言他。有这样一个案例。

小光是小学一年级的学生，最近他对爸爸有些不满。因为爸爸总对他说"你是哥哥，要让着弟弟"，于是他大声问爸爸："为什么你只和弟弟一起玩？"爸爸不解地回答："没有啊，爸爸之前不是陪你去公园了吗？陪你的时间和陪弟弟的差不多呀。"小光很生气，一边大叫"我讨厌爸爸！"，一边躲进了自己的房间。

其实，小光并不想知道爸爸和弟弟玩得多的原因，他只想让爸爸知道自己也想和爸爸一起玩，他通过发怒的方式表达了自己的孤单和嫉妒之情。一个人愤怒情绪的背后往往隐藏着伤心、不安等其他情绪，别人如果不细心观察，就很难发现。正是因为父母忽略了孩子真实的情绪，孩子才会逐渐与父母疏远。

幸好，小光的爸爸很快意识到了这一点，他猜测小光想要他注意到自己的孤单，于是问小光："小光觉得爸爸总和弟弟一起玩，没有时间陪小光了，对吗？""小光是不是觉得弟弟抢走了爸爸，爸爸不如以前关心小光了，所以感到很孤单呀？"小光的爸爸及时与小光交流，小光的消极情绪很快就平复了，他又开始和爸爸、弟弟一起愉快地玩耍。

作为家长，我们除了要倾听孩子说的话，还要仔细思考这些话反映了孩子什么样的情绪，并且要用语言描述出来给孩子听，让他知道父母是理解他的。孩子愤怒的外表下往往隐藏着悲伤、孤单等情绪，家长需要格外留心。

这个案例还给了我们另一个启示——每个人都可能同时有两种截然不同的情绪。小光的案例非常典型。家长要理解他这种矛盾的心理，还要帮助他分析："你喜欢弟弟，但是有时候会控制不住自己，嫉妒他、羡慕他，所以你才这么纠结，对吗？"

其实，在与兄弟姐妹分享父母的爱和关注这件事上，非独生子女大都抱有一种复杂的心理。虽然孩子从小就被父母和老师教导要学会分享，但结果往往是，孩子对分享有着比较矛盾的心理。

家长要让孩子明白，分享在带给人喜悦的同时，也可能让人心生反感，有这种情绪是正常的，正确看待即可，不必焦虑。同时也要告诉孩子，坦率地表达自己的心情、说出自己的故事，可以加深人与人之间的联系，以此来鼓励孩子勇敢表达自己。

**2** **掌握帮助孩子摆脱消极情绪的方法**

前文提到，消极情绪有独特的作用，在很多情况下能保护我们。但是，如果我们深陷其中，交感神经就会持续活跃，大脑与身体就会长期处于兴奋状态，这可能会导致一些不良行为甚至身心疾病。

因此，家长要帮助孩子尽早从消极情绪中解脱出来。

我们先来了解一下消极情绪引起的大脑兴奋状态。消极情绪（尤其是不安和愤怒）引发身体的反应，是通过大脑中的杏仁核实现的。杏仁核被称为"大脑的护卫"，它始终处于警戒状态，以便随时对危险做出反应。

杏仁核感受到消极情绪后，会向肾上腺发出信号，命令它分泌肾上腺素及皮质醇等压力激素。体内压力激素水平升高后，人会心跳加速、血压升高、紧张，开始寻求各种方式保护自己，而常见的方式就是做出3F反应，即"战斗—逃跑—僵住"（Fight – Flight – Freeze）反应。

接下来，让我们通过一个实例了解孩子在愤怒情绪下的反应，以及怎样帮助孩子疏解这种情绪。

加奈是个8岁的小女孩，她十分喜欢收集贝壳。有一天，4岁的弟弟擅自拿走了她最喜欢的十分罕见的蓝色贝壳。她发现后，哭喊着追弟弟，于是弟弟随手将贝壳扔给了她。加奈一边生气地质问弟弟为什么这么做，一边伸出手要打他。

其实，兄弟姐妹发生类似的矛盾再正常不过了，但父母尽量不要坐视不理，也不要急于了解两边的"官司"。就上面这个例子而言，父母应该先对加奈进行情绪上的安抚，让她不要过于激动，因为孩子情绪激动的时候根本听不进别人说的话。

接下来，父母要严肃地向加奈说明，虽然出现各种情绪是正常的，但她无论陷入什么样的情绪，都不可以做出伤害自己和他人的事情。

在这个例子中，父母可以握住加奈的手，带她一起深呼吸，安慰她说:"弟弟拿走了你最喜欢的贝壳,你很生气,对不对?来,咱们一起深呼吸……不生气啦。"像这样,用身体接触和语言安慰的方式让她平静下来。等她平静下来再跟她说,父母非常理解她生气的原因,但是打弟弟不是正确的做法,她应该用正确的方式来沟通。这里提到的深呼吸,是一种抑制大脑兴奋程度的有效方法。

同时,父母也要让弟弟明白到底哪里做错了,他的行为伤害了姐姐,他应该向姐姐道歉,这样以后他才能逐渐学会待人接物,维持良好的人际关系。

## 数数可以让孩子平静下来

当孩子的消极情绪达到顶峰,孩子处于极端恐慌的状态时,数数也能起到和深呼吸相同的效果,特别是慢慢地数数。我家的惯常做法是,让孩子用西班牙语从 1 数到 10。孩子因为不熟悉西班牙语,自然不能像用母语数数那么快,因此这个办法对镇定孩子的情绪十分有效。

另外，当孩子的大脑处于"战斗"状态时，通过身体接触来平复情绪的方式不一定每次都起作用。当这种方式起作用的时候，家长可以紧紧抱着孩子，轻轻拍他的背，让他有足够的安全感（图1-2）。

抱紧孩子，紧握孩子的小手，轻拍他的背，告诉孩子你非常理解他的心情。带着他一起深呼吸。当孩子对身体接触表示反感的时候，你只需在孩子身边默默守护。

让孩子慢慢呼气，从1数到10："1、2、3……"

**图1-2　让孩子平静下来的方法**

需要注意的是，孩子有时会对身体接触表示反感。这其实是十分正常的反应。因为一旦进入"战斗—逃跑—僵住"的状态，孩子有可能将家长视为敌人，自然就会认为身体接触是危险的。这时，家长可以在旁边默默守护孩子，同时寻找适合孩子的情绪疏解方法。

## 消极情绪萦绕脑海时的疏解方法

前文提到的愤怒属于瞬间爆发的消极情绪，而长期压力造成的焦躁不安与它截然相反，属于日积月累形成的消极情绪。问题立刻得到解决当然有利于心理健康，可是人生中难免有确实令人无能为力的事情。一个人遇到这样的事情，很容易深陷于消极情绪中而无法自拔。

这种状态被称为"思维反刍"。明明眼前没有发生不好的事情，但脑子就是不受控制地胡思乱想，结果自己给身心施加了巨大压力，且无法排解这种压力。研究显示，人一旦陷入思维反刍状态，就会产生明显的自我否定倾向，患抑郁症的风险将大大增加。

因此，家长要及时发现孩子的思维反刍状态，并给予适当的帮助。

当发现孩子处于焦虑情绪中时，家长不必急着刨根问底，而应该先帮助孩子从思维反刍状态（下文称之为"消极沼泽"）中逃离出来。

接下来，我们一起来看看逃离消极沼泽的方法。

### 逃离消极沼泽的方法 1　缓慢深呼吸

深呼吸是帮助我们摆脱消极情绪的有效方法之一，腹式呼吸作用尤其明显。深呼吸非常简单，缓慢地深吸一口气再缓慢呼出，如此循环即可。深呼吸对缓解消极情绪有立竿见影的效果，比如在孩子因摔倒而大哭时，对他说"哭的话会越来越痛。来，我们一起深呼吸……"，孩子就能平静下来。

为了让孩子在需要时进行有效的深呼吸，家长平时可以让孩子多多练习。

在复原力训练项目中，学生们也会进行呼吸练习。他们要伸展身体坐在椅子上，一边听舒缓的音乐，一边缓慢地呼气、吸气，只要5~10分钟就能收到明显的效果。学生们都表示，通过深呼吸，他们心情平静了，精神恢复了。

针对小孩子的练习方法就更多了：可以吹肥皂泡泡；可以玩桌面吹纸游戏；可以对着天空吹气；还可以躺下，把毛绒玩具放到自己的肚子上，看着它随自己的呼吸上下起伏……这些都是很有趣的练习方法。

**逃离消极沼泽的方法 2** 将情绪写出来

第二个逃离消极沼泽的方法就是将情绪写出来。没错，单单将自己的情绪写出来就能令人心情平静。之前我提到，要用语言将孩子的情绪描述出来给他听。其实，孩子自己将情绪写出来也有助于他理解自己的情绪，学会正确与情绪相处。

如果孩子还不会写字，或者实在不想写字，家长可以为他准备蜡笔和绘画用纸——让孩子随意涂鸦也是十分有效的。

**逃离消极沼泽的方法 3** 让身体动起来

孩子焦虑的时候，家长可以带他出去跑一跑、跳一跳。活动身体能够有效缓解激素变化所引起的情绪波动。哪怕去公园随便逛一逛，也会收到意想不到的效果。

**逃离消极沼泽的方法 4** 听音乐

音乐可以缓解焦虑情绪，使心情放松。所以，给孩子播放他喜欢的音乐也是个不错的办法。家长平时应该多留心孩子喜欢的音乐类型，制作一份歌单，以备不时之需。

**逃离消极沼泽的方法 5** 做喜欢的事

一个10岁的小女孩告诉我，她用小铁球做手工的时候，不好的情绪就会烟消云散。这是因为，集中精神做真正喜欢的事情能够让孩子忘记消极情绪。当然，我建议家长也参与这个过程。

集中注意力于某件事时那种忘我的状态被称为"心流"。选择难度适中的事情——可以略微突破舒适区但不要太难——去做，同时发自内心地享受沉浸其中的感觉，最容易进入心流状态。心流产生的同时，人可以感受到别样的兴奋和充实。

以上方法都经过科学验证，能够有效改善孩子的情绪，为家长进一步引导打下基础。

平时家长可以引导孩子根据不同情况积累应对方法，再让孩子进行适当的练习，这样孩子一定可以顺利逃离消极沼泽。

## 自控力是复原力的基础

有的孩子一点儿要求得不到满足，就会有激烈的反应。虽说人人都有落泪和伤心得难以自持的时候，但培养孩子基本的情绪控制力仍然是很有必要的。

家长可以在孩子情绪激动的时候进行引导，提醒他通过深呼吸来恢复平静，带领他做些别的事情以转移注意力，或者让他停止一切动作、防止情绪突然爆发。这些做法有助于孩子培养自控力。

自控力可以帮助我们应对生活中的痛苦、不安与焦虑，还可以帮助我们集中精神、持续、努力地去做该做的事情。

儿童最初是靠模仿大人形成自控力的，因此家长需要先培养自身的自控力，为孩子做表率，哪怕是在血气上涌、怒气冲天的时候，也要想办法控制自己的情绪。家长冷静控制情绪对孩子十分重要。当然，家长未必每一次都能成功控制自己的情绪。当没有控制好情绪的时候，家长应该坦率地承认，并且表示要认真反省，争取下次做好，以此来告诉孩子：内在的力量是可以逐渐获得的。

## 避免过度解读

看到孩子陷入消极情绪时，家长往往会过度解读，臆想一些根本没有发生过的事情。

例如，当孩子闹脾气、在学校里犯了错时，家长可能会进行各种各样的揣测："是不是我最近对孩子关心得太少了？""是不是我们吵架影响孩子了？"……

其实，家长无须过度自责。想象过多的话，家长反而容易忽视真正的原因，进而选择错误的解决问题的方式。

家长要学会客观地看待眼前发生的事情以及自己的想法。有个概念可以帮到我们，它叫作"正念"。

正念指的是活在当下，并且有意识地不对当下做好坏的判断，即不去判断事物或者情绪的是非对错，只是专注、客观地观察。美国马萨诸塞大学的乔·卡巴金（Jon Kabat-Zinn）博士的团队将"正念"这一概念整合到心理治疗中，提出了正念减压疗法。

人天生就有夸大现实的倾向。家长可以问问自己：在孩子出现问题行为或者陷入困境的时候，自己是否过度揽责了呢？是否胡思乱想了呢？同时，家长也要学会用正念的方法，客观地观察孩子的情绪，思考问题的本质。

　　要从消极情绪中走出来，就必须具备客观看待问题的能力。通过反复进行客观看待事物的练习，我们会形成一种元认知能力，它可以帮助我们认识自己的认知，有助于我们摆脱消极情绪。

　　最后再补充一点，正念还可以帮助我们逃离消极沼泽。

秘诀 **3** # 告诉孩子，情绪是自己选择的

看到半杯水时，有的人会想"只剩半杯水了"，而有的人会想"还有半杯水呢"。同样，对于相同的情况，不同的人有不同的解读方式，有的积极，有的消极。积极解读时，人会产生安心、高兴等情绪；消极解读时，人会产生不安、悲伤等情绪。

家长都希望孩子用积极的态度去思考，心怀感恩，珍惜所有，关注事物美好的一面。因此，在肯定消极情绪的合理性和重要性的同时，我们还要了解一下如何引导孩子积极思考。一定要让孩子明白，认知方式会影响人的情绪，进而影响人的行为，不同的认知方式最终导致不同的结果，而认知方式可以由孩子自己决定。

## 认知方式决定情绪

对孩子来说，同朋友吵架绝对是大事。可以说，与朋友的关系是决定孩子开心与否的关键因素之一。同朋友吵架之后感觉天都要塌了——你长大之后回想起来也许觉得这不可思议，但小时候你很可能有过这样的经历。

有些孩子同朋友吵架后，觉得所有的错都是自己的，总得自己从此再也交不到其他朋友了，因此情绪十分低落。有些孩子则完全不同，他们认为吵架只是因为双方看法不同，他们会积极寻找与朋友和好的办法。

这说明，面对同样的事，不同的人有不同的看待方式，进而产生不同的想法与行为。

很多人觉得，是事情本身导致了自己情绪低落。其实，事情和情绪之间的联系并没有那么直接。

真正决定我们情绪的，不是某件事情，而是我们看待事情的方式。

一件事情发生后，我们会根据以往的经验对情况进行分析，分析结果会影响我们的情绪及行为。这一过程是瞬间完成的，所以我们觉得是事情本身决定了我们的情绪——"这件事让我不开心"。

我们仍以同朋友吵架为例。如果孩子认为这个结果完全是他自己造成的，从今以后他再也交不到朋友了，那么他就会悲伤、失落，还会违背自己的真实意愿，试图用行动证明自己的判断是正确的——开始轻视自己，开始躲着朋友。

最终，孩子会认为人人都在疏远他，他也越发疏远别人。这种想法与行为互相影响，形成恶性循环（图1-3）。要打破这一恶性循环，孩子就必须改变自己的认知方式。

## 元认知能力培养——"你心底的声音是什么？"

了解孩子的认知方式有助于父母正面引导孩子的情绪和行为。孩子看问题的方式会受到父母话语的深刻影响，所以父母应该通过恰当地与孩子交流，让孩子形成"我真幸运，还有半杯水"[①]的积极的认知方式。

---

① 与"好惨，只有半杯水了"的消极的认知方式相对。——译者注

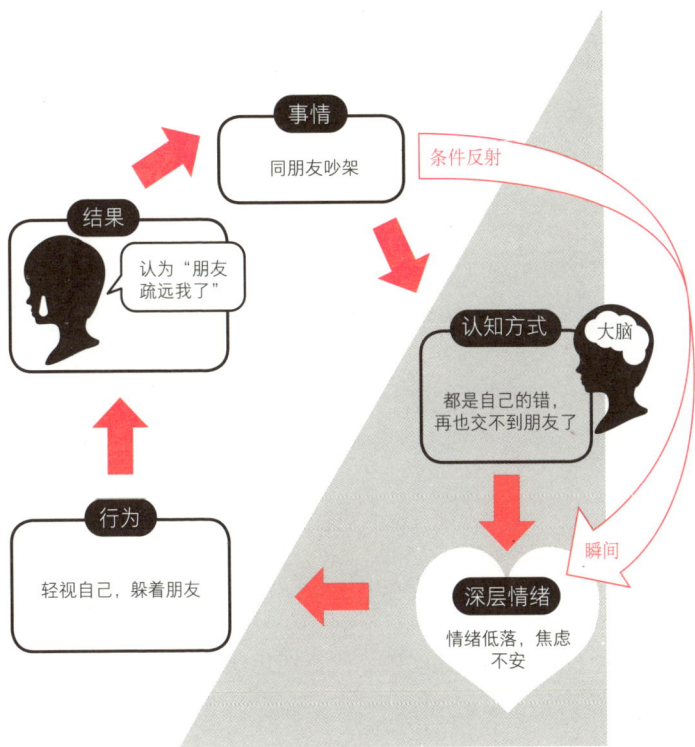

事情
同朋友吵架

条件反射

结果
认为"朋友疏远我了"

认知方式 大脑
都是自己的错，再也交不到朋友了

瞬间

行为
轻视自己，躲着朋友

深层情绪
情绪低落，焦虑不安

资料来源：伊奥娜·博尼韦尔"SPARK复原力项目"

**图1-3 认知方式决定情绪**

　　灰色三角形部分的信息我们很难通过外部观察获得，只能通过孩子的行为来做出判断。其实，我们大人也可能意识不到自己消极的情绪和行为是由消极的认知方式导致的。

要了解自己的认知方式，必须先了解自己思考的过程，也就是说，要具备元认知能力。元认知能力受年龄影响，一般在孩子 5 ~ 6 岁时萌芽，9 ~ 11 岁时趋于稳定。元认知能力还深受语言发展水平的影响。另外，个性特征和发育程度不同的儿童，其元认知能力也有较大差异。

培养孩子的元认知能力尤为重要，因为元认知能力能帮助孩子迅速感知自己消极的认知方式，进而采取措施，避免前面所说的恶性循环的产生。

具体来说，父母可以先采用提问的方式来引导孩子，通过恰当的问题让孩子意识到自己的认知方式。当发现孩子的认知方式偏消极时，父母再引导孩子的认知方式转向积极的一面。

一般来说，新手父母很难看出孩子对某个特定情况的认知方式。就像图1-3灰色三角形部分所显示的那样，我们只能看到孩子外在的行为，而看不到孩子内在的认知方式和深层情绪。反过来，从孩子的角度来说，他其实并不清楚自己到底是怎么想的，以及自己采取了何种认知方式，他只是出于本能做出反应。

因此，当孩子明显表现出悲伤、失落时，父母要找准时机，通过提出"你心底的声音是什么？""你的小脑瓜里浮现了什么画面？""你对自己说了什么？"等问题，帮助孩子意识到他自己的认知方式。孩子在听到这些问题后，往往会认真思考、自我剖析，慢慢意识到自己对事物的认知方式，而这就是获得元认知能力的第一步。

我之前遇到过这样一件事。

一个11岁的男孩被哥哥狠狠训斥了一番，十分沮丧，连平时最喜欢的英语课都上得心不在焉，跟我说哥哥肯定开始讨厌他了。我问他："哥哥发火的时候，你一定很伤心吧？当时你心底的声音是什么？"他回答："哥哥肯定开始讨厌我了，才会对我发火。他肯定觉得我是个笨蛋，不愿意跟我一起玩了。"

就这样，他敞开心扉，把自己的想法表达了出来。以此为契机，我对他进行了引导，告诉他"人们对自己喜欢的人也会发火""对一个人发火不代表一定讨厌这个人"，给他带来了全新的看待事物的方式。

像这样，我们先通过询问得知孩子的想法，然后对症下药，改变孩子消极的想法（认知）。这个过程将是长期的，父母需要不断引导、重复问类似问题才能实现目标。

父母需要格外注意的是，尽量不要问"你当时在想什么？""你当时的想法是什么？"这样的问题。因为它们会引导孩子先思考再回答，这样孩子的答案将更接近客观描述，而非他当时的真实想法。

## 7只嘀嘀咕咕的消极鹦鹉

认知方式影响情绪，情绪进一步影响行为。当认知方式偏消极时，情绪和行为也一定是消极的。孩子会因此养成一种习惯，即无论发生了什么事情，都只想到最坏的结果。

那么，这种消极的认知方式是如何产生的呢？一般来说，它是孩子在不断受到周围成年人的话语、各种媒体信息以及自身经验的影响而逐渐形成的。

日本积极教育协会的复原力训练项目将最常见的消极认知方式划分为7类，并将每一类比作一只鹦鹉（图1-4）。

鹦鹉平时常落在人们的肩膀上，当发生麻烦事时，它就在人们的耳边嘀嘀咕咕，影响人们的认知。我们将消极的认知方式比作鹦鹉，是为了暂时将它从人的本体中抽离出去，这样有助于我们更客观地看问题。

各位家长，你们平时的认知方式是怎样的呢？你们的孩子以及其他家庭成员的认知方式又是怎样的呢？下面7只鹦鹉当中，哪一只说的话回荡在你心底的次数最多呢？按照本书提供的思路找出根植于自己内心的消极认知方式吧，这是打破恶性循环的第一步。

## 尽快放走消极鹦鹉

在举办讲座或研修班的时候，每当我问"你们肩上的鹦鹉是哪一只呢？"，总有孩子和家长坦率地说："7只都有。"这并不稀奇，在不同的情况下人们常常有不同的认知方式。有时，各种情况还会彼此交叉、相互影响，使人的认知方式变得复杂。

前面说过，消极情绪有助于我们保护自己，有消极情绪并不是坏事。同样，出现消极鹦鹉也绝不是坏事。但是，我们不能让这种消极的认知方式成为习惯。即使很难，我们也要努力远离令自己感到痛苦的事物，形成积极向上的认知方式。要实现这个目标，我们

认为一切不顺心的情况都是别人造成的。十分固执，听不进建议，基本上是一台行走的"发怒机"。

**暴躁的鹦鹉**

一碰到问题就退缩，不愿接受挑战，时常产生无力感。

**畏难的鹦鹉**

有些神经质，执着于心中的"公平"和"正义"，看到自以为的"错误"和"不公"时往往义愤填膺。

**偏执的鹦鹉**

总认为事情会朝最糟糕的方向发展，并因此感到不安、紧张和恐惧。

**杞人忧天的鹦鹉**

没兴趣。

那又怎么样？

都行，可以，没关系。

过一天算一天，爱怎样就怎样，对将来不在意，认为"车到山前必有路"。

**"躺平"的鹦鹉**

我肯定起不了什么作用。

反正我也不行。

我谁都不如。

爱比较，总觉得自己不如别人。容易被挫败感、自卑感和抑郁情绪支配。

比赛是因为我才输的。

都是我的错。

觉得所有事情都是自己搞砸的，全都是自己的错。总是把时间浪费在自责上，消极情绪越积越多。

**自卑的鹦鹉**

**自责的鹦鹉**

资料来源：日本积极教育协会

图1-4　7只嘀嘀咕咕的消极鹦鹉

需要先意识到消极鹦鹉的存在，然后尽早放走它。

家长可以找准时机，在孩子相对轻松愉快的时候，利用以上鹦鹉形象，将7种消极认知方式介绍给孩子。当然，这也可以成为非常不错的家庭活动，全家人一起参与。互相了解彼此的消极鹦鹉有助于家庭成员增进交流、加深感情。例如，有个小姑娘看到妈妈很焦躁，就安慰她说："妈妈，你肩膀上好像有只暴躁的鹦鹉在嘀嘀咕咕，你怎么啦？"那么，怎样才能帮助孩子意识到消极鹦鹉的存在呢？家长可以展示鹦鹉的插图，在轻松愉快的氛围中和孩子交谈："妈妈肩上有这只鹦鹉，对不对？""爸爸肩上的鹦鹉是这个样子的"……

## 仔细观察孩子表现出的情绪

情绪的产生受认知方式的影响。因此，要了解孩子的认知方式，可以从观察孩子的情绪开始。

虽然深层情绪很难从外部直接观察到，但家长可以通过孩子的行为和流露出的部分情绪去推测，最终确定落在孩子肩膀上的是哪一只鹦鹉。

一个 7 岁男孩的母亲曾经对我说过这样一件事。这个男孩经常同朋友吵架，因为他常用很强硬的语气命令朋友做这做那，为此这位母亲感到很烦恼。她本想劝孩子不要太强硬，但后来还是忍住了，决定先观察一下。

　　这个男孩对朋友表现出来的情绪是强烈的愤怒，而7只消极鹦鹉中表现出愤怒情绪的是"暴躁的鹦鹉"和"偏执的鹦鹉"。事实证明，他的口头禅和"偏执的鹦鹉"的高度一致，都是"应该……"和"不能……"，对朋友说的话也都是"这个要收到这里"或者"老师说不可以那样"等。

　　此外，他说的话体现了"暴躁的鹦鹉"的特征，比如，"都怪他不守规矩""都怪他，我们才没收拾好"等。

　　我发现，这个男孩并没有坏心思，也并非要让朋友按照他的想法去做。他内心有一个"正确"的标准，他希望大家都按照这个标准去做。如果朋友达不到这个标准，他就会生气，用十分强硬的语气训斥朋友。

　　他的母亲在了解到这一点后，首先可以表达她对孩子情绪的理解，比如可以问他："你的朋友做不到应该做到的事情，所以你十分生气，对不对？"然后进一步引导他："咱们一起想一想，怎样才能更清楚地把你的意思告诉他。"她还可以这样问："你的朋友没有好好收拾东西，是不是有其他原因呢？"

像这样循循善诱，最终可以让这个男孩明白世界上的事物并不是非黑即白的。如此，孩子稚嫩的肩膀可以顺利摆脱"偏执的鹦鹉"，孩子的情绪和行为会出现令人欣喜的变化。

这是一个范例，为家长提供了观察孩子、判断孩子情绪、确定孩子认知方式的路径。

对孩子看似令人困惑的行为，家长往往会不自觉地生气或不安。如果可以做到"观察孩子—判断孩子的情绪—确定孩子的认知方式—用恰当的话语进行引导"，家长就能充分理解孩子的情绪和行为，从而耐心地与孩子沟通。

## 改变消极认知的绝佳方法

家长通过 7 只嘀嘀咕咕的消极鹦鹉了解孩子具有哪一种或哪几种消极认知的倾向后，就可以试着引导，帮助孩子形成更加积极的认知方式。

当然，孩子在认知方式上不可能一下子有180度的大转变，家长可以试着先找一个折中的点，从局部开始引导孩子，这样会顺利得多。

下面我将以一个肩负"杞人忧天的鹦鹉"的10岁男孩为例进行详细说明。

这个男孩一到足球比赛前夕，就会非常不安，总是念叨："要是射门失败了怎么办？我会让大家失望的。"

我引导他从自己的想象中走出来，学会关注事实。我问他："以前你没进球的时候，队友和教练说了什么呢？""你射门的成功率大约是多少呢？"

同时，我还为他提供了一些不同的思考视角，比如问他"如果你最崇拜的运动员面对这种情况，你觉得他会怎么想？"。此外，我还和他一起梳理了看待此事的其他角度，并试着写在纸上（见下页）。

我们边想边写。我不时问他"这里面哪个想法能缓解你的不安？""有没有哪个想法让你豁然开朗？"。经过这样的引导，男孩渐渐摆脱了不安情绪，之后再参加比赛时越来越放松。正是因

● 谁都有紧张不安的时候，但这并不意味着失败。

● 有进球的时候，也有进不了球的时候。不过，我进球的次数很多。

● 只有通过比赛才能知道对手的实力，我能做的就是全力以赴。

● 进不了球的话，我和队友虽然会失望，但我们会因此更加团结、更加努力。

● 足球是团体运动项目，球队每个成员都要努力，出了问题大家一起承担责任。

为他的认知方式变了，他才有了情绪和行为的变化。

伊奥娜·博尼韦尔博士提出了以下 3 个思考问题的全新视角[1]，它们可以帮助我们改变认知方式。

---

## 3 个思考问题的全新视角

1. 他人视角

   →换作我崇拜的××，他会怎么想？

2. 客观视角

   →这是事实吗？我要变成侦探，一探究竟。

3. 整体视角

   →我要突破局限，俯瞰事物的全貌。

---

多数情况下，一件事情的发生是受多种因素影响的，我们不能简单地解释或者下结论。一个人的认知方式基本不会百分

---

[1] 收入本书时内容有所改动。

百错误，但也不太可能百分百正确。也就是说，肩上的消极鹦鹉嘀咕的内容（即消极认知方式的产物）虽然不太正确，但有一定的道理。在这种情况下，家长要彻底扭转孩子的消极认知方式是不现实的，倒不如引导孩子转变视角，这样反而能收到较好的效果。

举个例子，如果一个人在认知方式上接近"自卑的鹦鹉"，那么他一遇到挫折，就会觉得自己很失败，人生无望。在这种情况下，让他直接大转弯、认为"失败也没关系，只要敢于尝试就勇气可嘉"几乎是不可能的。强行给一个人灌输积极的想法，并不能从根本上改变他的认知方式。

因此，家长不如引导孩子这样想："这件事情十分重要，所以没做好的确很可惜。但是，谁都会遇到挫折，敢于挑战自己并在这个过程中学到很多东西，已经很好了。"

要耐心地引导孩子，让他渐渐看到事物积极的一面。这也是我当时问那个踢足球的男孩"有没有哪个想法让你豁然开朗？"的原因。

很多家长在发现孩子对事物抱有消极看法时，会强行给他们灌输积极的想法。其实，与其这样做，不如先承认孩子目前想法的合理性，然后再去寻找其想法中可以被改变的部分，慢慢引导孩子。这才是孩子容易接受的方式。

## 帮孩子培育积极鹦鹉的方法

在一定程度上，认知方式是在经验的基础上形成的，积极的认知方式也不例外。最终，它可以成为我们的习惯。

当发生棘手的事情时，会有"鹦鹉"站在你的肩膀上，鼓励你"肯定没问题，你一定行"吗？

在复原力训练中，我会帮助学生培育属于他们自己的积极鹦鹉。具体方法是，让他们想象鹦鹉的样子，并以简笔画的形式画出来，再给它取一个名字、想一句台词。

目前为止，已经诞生了很多积极鹦鹉，它们是"支持的鹦鹉"（台词：干得漂亮！）、"鼓励的鹦鹉"（台词：勇于尝试就能成功！）、"不倒翁①鹦鹉"（台词：下次一定有好运！）……

———————————————————————————

① 在日本，不倒翁被视为吉祥物，象征生意兴隆、时来运转。——译者注

它们可以在不同的情况下激励主人积极向上、奋发图强。

父母应该成为孩子的"支持的鹦鹉""鼓励的鹦鹉",在孩子遇到困难的时候给予他力量和恰当的引导,让他的想法向积极的方面转变。

这样,哪怕父母不在身边,孩子也能够将自己的积极鹦鹉唤醒——学会自我鼓励,让自己振作起来。

当孩子烦恼或面对困境的时候,家长不妨问"你的'鼓励的鹦鹉'会对你说些什么呢?",以此来拓宽孩子的思路,引导孩子对一个问题进行更加全面的思考。

这里讲述一个真实的案例,出场人物是参加过复原力训练项目的一家人。训练项目结束后,这家人计划举家迁往新加坡。这家人中有一个 8 岁的男孩,他很难适应新环境。男孩觉得自己好不容易才适应了现在就读的小学,却要搬到新加坡,每天都十分沮丧。他总是说:"我在新学校肯定交不到朋友,而且我连英语都不会说,怎么可能开心呢?"

这时,男孩的母亲想起他在参加复原力训练项目的时候设计了一只"元气鹦鹉"。于是母亲提醒他说:"要不你问问你的

'元气鹦鹉'，听听它怎么说。"

男孩思考了一会儿，回答道："虽然有点儿不安，但我肯定能交到朋友！如果我还能学会说英语，那种感觉一定很棒。"之后，男孩从这一认知方式中逐渐感受到了快乐，这种快乐渐渐战胜了不安与紧张，男孩越来越期待去新加坡了。

设计一只能鼓励自己、安慰自己的鹦鹉，孩子就可以在关键时刻获得看问题的不同视角，思考问题会变得更全面。孩子可以为鹦鹉取名字、画肖像，保证它招之即来。家长也可以进行积极的引导，像案例中男孩的母亲一样，帮助孩子唤醒他的积极鹦鹉："问问你的鹦鹉吧，听听它怎么说。"

## 批评、责骂无益于培养复原力

"你的想法真的太奇怪了！""我不是说了吗？""你都多大了！"很多家长总是忍不住对孩子说这样的话。我非常理解家长，他们并非真的想责骂孩子，而是想改变孩子的想法和行为，让孩子变得更好。

但遗憾的是，从长期来看，批评和责骂孩子只会对他的心理健康起反作用。研究发现，在批评型父母身边长大的孩子对自己常常抱有批评的态度，自信心不足。

再者，在环境剧变的形势下，孩子的自我批评并不能起任何正向的作用。相反，只有接纳消极情绪、善于宽慰自己，才能在困境中继续成长。简言之，批评、责骂对孩子克服困难没有帮助。

这样的观点得到了多项科学研究的证实。

在很多国家，大学生往往会离开父母，独自在新环境中生活，很多人因此感到孤独、抑郁，缺乏动力。研究表明，有这些表现的学生的退学率是其他学生的 3 倍。

美国杜克大学的研究人员进行了一项调查，以 119 名美国在校大学生为研究对象，测量了他们的自我关怀指数。结果显示，自我关怀指数高的学生能够较好地应对挫折与困难，而且不容易产生抑郁倾向，不容易陷入思乡情绪，对大学生活满意度也较高。

美国得克萨斯大学的心理学家克里斯汀·内夫（Kristin Neff）提出了自我关怀的三要素。

> ### 自我关怀的三要素
>
> 1. 不忽视、不夸大自己经历的痛苦，用正念客观地看问题。
>
> 2. 不疏远他人，保持与他人的联结感。
>
> 3. 不批判自己，遇事不强求，用温柔与善意关怀自己。

当孩子面临困境的时候，家长应尽量避免批判的态度，而要引导孩子坦然接受现实，用暖心的话语安慰孩子，帮他走出困境。

## 坦然接受现实反而能振奋人心

我经常听到家长说："我经常鼓励孩子，但是完全不管用。"

这表明，孩子需要的积极鹦鹉并不是"鼓励的鹦鹉"，而是"接纳的鹦鹉"。

这时，引导孩子接受现实也许最管用。比如，家长可以说："你之前太努力了，现在干劲没了也是正常的呀。"这句话正是懂得自我关怀的"接纳的鹦鹉"的台词。

看到孩子情绪低落，家长不妨温柔地表示理解和接纳孩子的痛苦："哦，原来是这样，你有这样的想法也正常。"家长可以一边说，一边抱抱孩子；同时，抓住这个机会培养孩子接纳痛苦的能力，要让他明白，并非只有他感到痛苦，任何一个人在面对同样的情况时都会感到痛苦。然后，家长可以跟孩子说："没关系！我们一起思考一下怎么办。"最后帮助他找到具体的应对方法。

这一系列引导的话语包含了自我关怀的三要素。

此外，语气、表情也要与话语保持一致。温柔、坚定的语气能让孩子的"接纳的鹦鹉"成长得更快，能更好地帮助孩子克服各种各样的困难。

# 4 不要只着眼于"不能"，还要关注"能"

有的孩子一件事情没做好，就觉得自己干什么都不行。事实上，一件事情没做好并不意味着其他事情也做不好。

学会关注成功和擅长的领域，放下对挫折及短板的执念，是培养复原力的重要一环。这是因为"感到有希望"是力量与热情的重要来源，而力量与热情可以带给孩子再次尝试的勇气。

我们来看一个例子。有个 7 岁的女孩名叫小绫，自从要好的同学对她说"不和你玩了"之后，她就不想去上学了。哪怕父母强迫她去，她出门前也要磨蹭好一阵，还撒谎说身体不舒服，试图逃学。

小绫的父母感到很烦恼，和她的班主任谈过好几次她不愿意上学的情况和大致原因。据说在那段时间里，他们满脑子想的都是小绫的事，根本没有精力考虑别的。

后来他们来向我咨询。我问："小绫在学业和校园活动方面，有没有比较喜欢或擅长的？"小绫的父母立刻意识到，小绫其实很喜欢上学，因为她听讲认真，作业完成得也很好。

于是，小绫的父母开始找机会引导小绫："作业做得真好，小绫好用功呀！""小绫经常和实践课的小伙伴一起玩，真是太好啦！""早晨不用妈妈叫，小绫自己就能起床，真棒！"……就这样，父母把小绫做得好的和喜欢做的事情一件一件说给她听。

渐渐地，小绫意识到学校里其实有很多她喜欢的东西，因此恢复了信心，对上学这件事变得积极了。

## 消极情绪蒙蔽双眼，积极情绪拓宽视野

小绫的父母是万千家长的缩影。家长看见孩子遇到问题时，总是想做点儿什么，尽快帮孩子解决问题。结果，心思往往被问题占据了，完全忘记了孩子的优点。其实，人越集中注意力在问题上，就越找不到最佳的解决方法，而且在情绪低落的时候做重大决定是不明智的。这还要从消极情绪和积极情绪不同的作用

谈起。

消极情绪与3F反应（即"战斗—逃跑—僵住"反应）紧密相关，而3F反应会使视野受限——一个人在全力逃跑时，是不可能注意到和煦的阳光和路边的花草的，因为他把所有精力都用在了逃跑这件事上。

积极情绪则刚好相反，它能帮助人们拓宽视野，进而积极思考并付诸行动。即使我们身处逆境，它依然可以引领我们发现美好的事物，为我们走出逆境、恢复元气提供强大的动力。

## 积极情绪是能量的源泉

我们总是倾向于关注消极事件：越做不到、做不好的事情，就越占据我们的头脑。如果孩子放学回家后说"今天我在学校里过得很开心，不过跟朋友吵了一架"，那么父母就会忽略"很开心"，而只会关注"跟朋友吵了一架"，并且开始盘问缘由，莫名地感到不安与担心。这是受到了消极偏见的影响，它源于人的生存本能，会引导我们关注消极的事情。

与此相反，积极情绪能够帮助我们成长。积极情绪研究专家芭芭拉·弗雷德里克森（Barbara Fredrickson）博士提出了"拓展—建构"理论，认为积极情绪可以拓展个体即时的思维和行动范围，促使个体实现螺旋式上升发展。弗雷德里克森博士的研究表明，积极情绪能给人们带来以下好处。

### 1. 积极情绪有助于人们拓宽视野

积极情绪能够拓宽人们的视野。人们在感到快乐时，会变得富有创造力，会对事物产生浓厚的兴趣，会主动寻找信息与机会，会学习新知识，会开始行动，等等。积极情绪还有助于人们找到较多的解决方案，使人们不囿于眼前的问题，用行动让可能性变为现实。

### 2. 积极情绪可以"稀释"消极情绪

"会有转机的""一切都会变好的"……这些积极的想法正是积极情绪的反映。我们很难同时感受到积极情绪与消极情绪，因此，有意识地将情绪调整到积极状态，有助于抵消消极情绪的影响。另外，相关研究显示，积极情绪还有减轻压力、稳定血压的作用。

### 3. 积极情绪可以强化复原力

快乐、幸福、充实感、满足感、爱、同理心等，都能强化复原力（消极情绪则会削弱复原力）。积极情绪可以让我们做事的过程变得顺利。即使偶尔遇到挫折，我们也能发现它背后的希望。

### 4. 积极情绪有助于成长和积累资源

这里所说的资源，指一个人积累的能力、经验、思想等。积极情绪能够帮助我们积累智力资源（解决问题、搜集信息等的能力）、体力资源（运动能力、健康的体魄等）、社会资源（人际关系等），以及心理资源（即上文提到的复原力）。虽然积极情绪可能只是暂时的，但它帮助我们积累的资源可以长期发挥作用。

如果说消极情绪可以保证我们的生存，那么积极情绪可以帮助我们拥有丰富多彩的人生。

因此，家长应该有意识地培养孩子的积极情绪，帮助孩子积累丰富的资源。

一个喜欢登山的男孩曾经告诉我，每当看到壮美的自然风光或者听到宇航员登月的故事时，他都忍不住发出感叹，并且感觉自己备受鼓舞。还有一个充满好奇心、兴趣广泛的女孩告诉我，每当看到新书或者其他新鲜的事物时，她都感到自己充满活力，觉得自己"想知道更多"，觉得"好有趣"。

没错，积极情绪包括很多类型。除了兴奋和快乐之外，还包括感动、希望、感兴趣、安心等，它们都是积极情绪。

每个孩子都容易受到情绪的影响，总有几种积极情绪令他充满活力。各位家长，让我们行动起来，找到自家孩子的倾向，让孩子常常拥有积极情绪吧。

## 积极情绪是家庭的黏合剂

因为消极偏见的存在，人们往往容易被消极事件所影响，并因此陷入消极情绪。要想让孩子尽快从这种状态中走出来，家长要在日常生活中帮助孩子养成关注积极事件的习惯。

举个例子，孩子放学回到家后，家长往往会问："今天在学校里怎么样呀？"以后，家长不妨换个问法："今天有什么让你高兴的事呀？""有什么事进展得很顺利吗？"通过这样的提问来打开孩子积极情绪的开关，让他从一系列已发生的事情中找到令他感受到积极情绪的部分。当然，对于让孩子感到困扰的事情，家长也要提，只是尽量不要将这样的事情作为话题的中心。家长要做的是，让孩子学会有意识地看到事物的积极方面。

睡前回忆3件好事，是积极心理学中一种非常经典的做法。无论是令人开心的事、进展顺利的事，还是令人心怀感激的事，都能够激发积极情绪。这样做可以让我们不将时间浪费在哀叹生活不顺利、人生不完美上，而将时间用在感激所拥有的人与事物上，从而有助于我们感受到积极情绪，有效缓解抑郁，增强幸福感。所以，赶快帮孩子养成这个习惯，让他在积极情绪中结束每一天吧。

相较于消极情绪，积极情绪比较"脆弱"，容易昙花一现。因此，意识到积极情绪后，我们一定要好好珍惜、细细品味。美国心理学家马丁·E.P.塞利格曼认为，品味积极情绪的能力是获得幸福所必需的。专心吃饭、认真听朋友说话、沉浸式欣赏喜欢的音乐……将注意力集中于当下做的事情，就能品味到积极情绪。各位家长，下次和孩子一起玩时，不妨大大方方对孩子说："我们现在很快乐，对吧？"和孩子一起感受美好，感受积极情绪吧！

边吃饭边看电视，边和家人说话边玩手机，结果，吃了什么、说了什么，我们自己都记不清了。以上情况并不少见。要引导孩子集中注意力、感受积极情绪，家长自己要先改掉心不在焉的习惯。所以，每天抽出一点儿时间，陪孩子一起专注地做一件令你们快乐的事吧！

回忆快乐的往事或者憧憬光明的未来，同样可以让人品味到积极情绪。家长可以将家庭生活的美好瞬间定格，拍成照片收进相册，经常和孩子一起翻一翻；还可以和孩子一起制订旅行计划，共同期待美妙的旅行。

一家人在一起欢声笑语，可以使亲子关系更亲密。即使亲子之间出现了矛盾，那些共同品味积极情绪的回忆也可以成为黏合剂，改善亲子关系。

当然，积极情绪好处再多，想要一天24小时都被它包围也是不现实的。对此，芭芭拉·弗雷德里克森博士认为，重要的不是积极情绪的"绝对量"，而是它与消极情绪的比例。

从积极情绪中获益的前提是，积极情绪与消极情绪的比例大于 3∶1。也就是说，每份消极情绪都需要 3 倍以上的积极情绪来抵消，这样一个人才能顺利获得积极情绪所带来的益处——螺旋式上升发展。

因此，当发现和孩子谈论的是一件事情的消极方面时，家长最好能引导孩子找到这件事情的积极方面，越多越好。

# 5 摒弃结果性评价，注重过程性评价

任何人的人生都不是一帆风顺的，每个人多多少少都要经历一些磨难。孩子小的时候，家长还能帮帮他。可是人生的道路很长，家长没有办法帮孩子一辈子，更没有办法为他扫清一切障碍。

因此，培养孩子的自我效能感是非常重要的。它可以让孩子坚强地面对困难，从而对伤害有一定的防御能力。

自我效能感是对自身能力的信任——相信任何事情自己只要好好去做，就有可能成功。自我效能感强的人相信自己可以改变当前的状况，即便遇到了困难，他们也能积极采取行动去克服。

## 略有挑战性的事情能够增强自我效能感

成功的经验是增强自我效能感的重要因素。

我经常带女儿去公园玩，在那里我们常常碰到一个小男孩。有一段时间，小男孩一直在尝试从滑梯侧面的栏杆上滑下去，但始终没有成功。有一天，他好像下定了决心，"哧溜"一下，顺利地从栏杆上滑了下去。看到他在尝试两周多之后终于成功，我打心眼里替他高兴，就笑着对他说："你终于成功滑下来啦！"

小男孩很高兴，笑着回答我："嗯！虽然有点儿害怕，还有点儿紧张，但是昨天顺利从 3 级台阶上跳下来之后，我想我应该能从栏杆上滑下来。"

像这样，有一定挑战性并且顺利完成的事情就成为典型的成功经验。它可以给人莫大的力量，使人相信自己可以完成新的挑战。

"自我效能感"的概念是由美国著名心理学家阿尔伯特·班杜拉（Albert Bandura）博士提出的。他还指出，培养自我效能感需要具备四要素。

**要素 1** 成功经验的积累

每个人都可以像上文提到的小男孩那样，通过积累成功经验去培养"我可以"的自信心。遇到较大的目标时，我们可以把它分解成若干小目标。例如，当孩子因为作业太多而打不起精神时，家长可以让他把完成每一页作业作为一个小目标。这样，孩子就能多次获得成功经验，从而培养起自我效能感。

如果孩子还小，家长就需要在孩子做事情之前为他制订大致计划，告诉他先做什么、后做什么。这样，孩子就能通过实现每一个小目标，磨炼坚持不懈、持之以恒的心性。

家长需要注意的是，不要因为想让孩子积累成功经验，就无限降低事情的难度——做过于简单的事情并不能提起孩子的干劲，也很难增强他的自我效能感。

另外，不必为孩子扫清所有障碍。孩子只有自己通过攻克难关获得经验，才能真正树立起自信心。家长应设置难度适中的目标——孩子努努力能达到的即可。家长可以适当提供帮助，但也要让孩子自己面对一些困难，这样才能够帮助孩子积累真正的成功经验。

**要素 2** 鼓励的话语

当孩子不确定自己能否成功并为此深感不安时，家长的鼓励会有非常大的作用。"相信自己，你一定行！"——一次又一次的鼓励可以让孩子获得继续努力的动力。

但是，毫无依据的盲目夸赞可能会起反作用。家长最好将孩子已经做到的事情和正在努力做的事情具体描述出来，或者给予鼓励性反馈。另外，不要将自家孩子与别人家的孩子做比较，只要关注孩子同以前相比有什么进步，并且将他的进步告诉他就可以了，比如告诉孩子"你一直在努力""比半年前进步很多啦"。孩子得到这样的肯定后就会意识到，很多事情自己虽然一开始做不到，但通过持续不断的努力是可以做到的。

在孩子看来，任何事情都应该是顺顺当当的，所以当遭遇挫折和失败的时候他很容易沮丧。这时家长可以引导他："挑战新事物并获得成功本来就是需要时间的，而且每个人都会遭遇失败。让我们一起想想解决的办法吧。"

**要素 3** 学习的榜样

孩子身边有一个榜样，有助于他增强自我效能感。孩子会认为：他能做到，我应该也能。这个榜样在学校里可能是老师或同学，在家里可能是父母或兄弟姐妹。其中，父母的影响最为显著。父母面对困难时的姿态会给孩子留下很深的印象。父母还可以通过讲故事的方式和孩子分享自己过去的种种经历。父母的亲身经历对孩子来说有十分重要的参考价值。

有一位母亲，她的女儿在苦练艺术体操时不小心受伤了，要休养很长一段时间，无法参加比赛，整个人因此陷入了消沉的状态。这位母亲十分理解女儿的心情，跟女儿分享了自己的经历："我曾经在一场非常重要的考试之前把手臂摔伤了。那场考试真的太重要了，我最终没能参加考试，因此受了很大打击。不过，第二年我又尝试了一次，因为我觉得只要不放弃，就一定有机会。"女儿听了之后很吃惊："真的吗？妈妈也有这样的经历？"母亲的经历明显在女儿内心造成了非常大的震动，女儿渐渐从消沉情绪中走了出来。

**要素 4** 身心的安宁

人拥有积极情绪时，自我效能感明显增强。所以，在重要的比赛或考试前，家长可以让孩子通过想象成功后的场景为自己加油鼓劲，将自己的情绪调整到最佳状态。

不过，如果身体感到疲惫，即使情绪调整到最佳状态，孩子也很难全力以赴。身心本就是一体的，应该优先让身体好好休息。当今社会，休息一下就罪恶感满满，把休息排在学习、工作之后的人不在少数。然而，要想效率最大化，就必须让身心得到足够的休息与放松。有研究显示，长期睡眠不足的人容易感到不安，出现抑郁倾向。

## 思维模式的影响

"失败是成功之母"，这句话在有些孩子眼里只是没用的大道理。美国心理学家卡罗尔·S.德韦克（Carol S. Dweck）博士提出了"思维模式"这一概念。思维模式指对事物的认知方式和思考问题的方式，它决定了人的行为和态度。德韦克博士指出，人一出生就是学习者，每个婴儿都充满了好奇心，会对世界进行各种各样的探索，然而长大后，人往往变得过于看重结果，变得畏首畏尾。那么，怎样做才能保持终身学习的态度呢？

## 思维模式

### 1.成长型思维

拥有这种思维模式的人认为知识、才能、性格和人际关系等是不固定的、可变的。

### 2.固定型思维

拥有这种思维模式的人认为知识、才能、性格和人际关系等是固定的、不可变的。

一个人在不同的领域可能表现出不同的思维模式。例如，有人觉得自己可以通过努力提高学习成绩，但又觉得在运动方面怎么努力也难有起色。

另外，拥有固定型思维的人和拥有成长型思维的人在面对同样的情况时，产生的想法不同，所使用的表达方式也有很大差别。前者会这样想："我很擅长／做不好××。"而后者会这样想："我虽然不太擅长××，但通过努力练习肯定会进步的。"可以看出，拥有成长型思维的人的表达方式是积极向上的，他们认为自己的水平可以提升。

另外，思维模式不同的人对自身的性格也有不同的看法。拥有固定型思维的人往往破罐子破摔，他可能这样想："我生下来就是个没本事的人，这不是我能改变的。"而拥有成长型思维的人会想："坚持一下就能做到，我以后要努力改变自己。"

那么，思维模式到底是怎样影响行为模式的呢？请看图1-5。

## 没干劲的根本原因

拥有固定型思维的人往往认为努力不仅无济于事，还会让别人觉得自己很笨，因而不想努力，不愿意挑战自我。这也证实了前文提到的观点，认知方式决定情绪，情绪进一步影响行为。

想必家长在了解孩子的思维模式和情绪后，就理解孩子拒绝

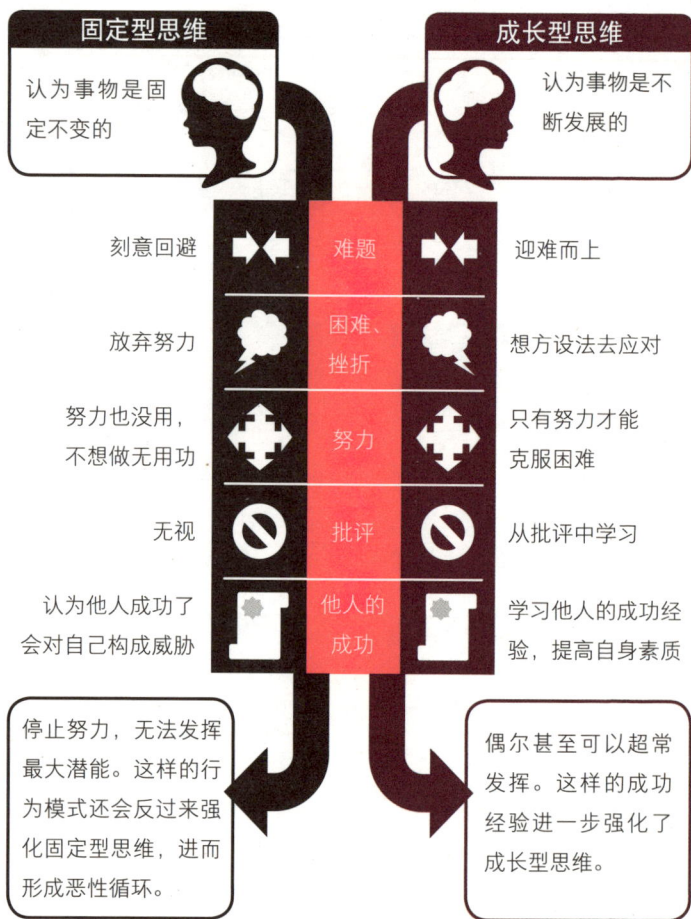

固定型思维 | 成长型思维

认为事物是固定不变的 | 认为事物是不断发展的

| 固定型思维 | | 成长型思维 |
|---|---|---|
| 刻意回避 | 难题 | 迎难而上 |
| 放弃努力 | 困难、挫折 | 想方设法去应对 |
| 努力也没用，不想做无用功 | 努力 | 只有努力才能克服困难 |
| 无视 | 批评 | 从批评中学习 |
| 认为他人成功了会对自己构成威胁 | 他人的成功 | 学习他人的成功经验，提高自身素质 |

停止努力，无法发挥最大潜能。这样的行为模式还会反过来强化固定型思维，进而形成恶性循环。

偶尔甚至可以超常发挥。这样的成功经验进一步强化了成长型思维。

资料来源：卡罗尔·S.德韦克(Carol S. Dweck)和奈吉尔·霍姆斯(Nigel Holmes)创作的概念图《两种思维模式》(Two Mindsets)

图1-5  思维模式对行为模式的影响

尝试的原因了。对于这样的孩子，从行为层面出发鼓励他大胆尝试是没用的，因为他是这样想的：反正我怎么努力都没希望，失败了还丢人。

相反，拥有成长型思维的人认为努力是成功所必需的，是值得骄傲的。他们虽然在失败后也会伤心，但能看到自己取得进步的事实，并会继续努力、挑战自我。

## 孩子成功时家长应该说什么？

有的家长反映，自家的孩子对什么都打不起精神，将其培养成拥有成长型思维的人几乎是不可能的。其实不必担心，人人都可以拥有成长型思维，重要的是家长要在孩子成功时用恰当的话语去引导。

设想一个场景——孩子每天努力学习，结果考试得了满分。这时，很多家长会说："太厉害了，你简直是个小天才，果然聪明！"孩子听到这样的话，会得到这样的信息：头脑是否聪明决定了自己的价值。也就是说，这种对智力或才能的夸奖，很可能意外地培养了孩子的固定型思维。

如果想培养孩子的成长型思维，就不要从他的智力或才能方面夸奖他，而要关注他努力的过程。为了让孩子意识到自己的努力被家长看到了，家长可以对他说："你不仅制订了学习计划，还坚持不懈地完成了，真棒！""每天放学后你都好好学习，现在得了100分，感觉怎么样？"……这样可以让孩子意识到"努力是有收获的"，进而慢慢形成成长型思维。

## 孩子失败时家长应该说什么？

那么，当孩子遭遇失败和挫折时，家长又该说些什么呢？

此时，关键词是"暂时"。家长可以说"暂时不太顺利""暂时还有些困难"。这样说是为了传递给孩子这样一个信息：虽然情况暂时不妙，但你只要不断努力、不断尝试，就一定能成功。

同时，家长还可以帮孩子分析从失败中收获了什么，帮孩子找到今后努力的方向。这个方法对培养成长型思维十分有效，家长应多多尝试。

## 奉献型思维

成长型思维成熟后，可以逐渐发展为奉献型思维。孩子到了初中或高中的时候，大概就能意识到它了。与拥有成长型思维的人不同，拥有奉献型思维的人除了关注个体的成长，还关注个体为社会做出的贡献。个体如果做出有价值的事情，就会感受到莫大的幸福和满足。

也就是说，成长型思维不仅对孩子个人有帮助，还对其周围的人和整个社会有积极的影响。由此形成的奉献型思维可以反过来推动孩子进一步明确目标，以更强大的力量去面对困难与逆境。

# 发挥性格优势，培养自我认同感

各位家长大概都听说过"自我认同感"，它指一个人坦然接受自己的优点和缺点，且对自身感到满意、满足的状态。一般认为，自我认同感强的孩子具有较强的抗压能力。

有的家长发现自家的孩子自我认同感不强，因此感到担忧。其实这并不是一个值得悲观的大问题。孩子不满足于自身现状，这在一定程度上能够促使其成长。家长需要注意的是，别让孩子陷入自我否定的旋涡，认为自己一无是处。

那么，怎样培养孩子的自我认同感呢?

先要帮助孩子了解自己。也许有人会问："自己不应该是最了解自己的人吗?"其实并不尽然。不光是孩子，很多大人也不了解自己。因此，要想培养孩子的自我认同感，就要先让他了解并接纳自己的优点和缺点。在这个过程中，家人和朋友的态度会对孩子产生非常大的影响，所以家长应该先学会接纳和包容孩子的一切。

另外，了解自己对培养复原力也十分重要。研究表明，家长引导孩子了解他自己的性格、想法和情绪，是培养复原力的重要条件。

要培养复原力，"扬长"比"避短"更有效。

当被问及"您的孩子有什么优势或长处？"时，家长的回答总是五花八门。有性格方面的：很乖巧、讨人喜欢；有技能方面的：跑得快、钢琴弹得好……事实上，优势有很多种。美国心理学家瑞安·M. 涅米耶克（Ryan M. Niemiec）从以下 6 个方面来分析人的优势或长处。

1. 天赋：自然而然拥有的解决问题的能力。

2. 技能：通过练习获得的解决特定问题的能力。

3. 兴趣：个人爱好，感兴趣的事物。

4. 外部条件：人际关系、生活环境及经济状况等。

5. 价值观：个人奉为圭臬的行为准则。

6. 性格：积极的性格特征（包括好奇心、勇气、同理心、感恩心理等）在思考和行动时会发挥很大的作用。

其中，性格优势与自我认同感关联度最高。让我们一起来看一看。

性格优势指一个人的性格中能对自身和周围的人产生正面影响的方面。它体现在一个人平时的认知方式和行为模式中，能帮助孩子战胜困难、走出困境。

大约20年前，积极心理学领域关于性格优势的研究正式起步。多年的研究表明，有意识地在学业、工作及人际关系等领域发挥性格优势，可以收到意想不到的效果，比如自我认同感增强，对生活的满意度明显提高，抑郁风险降低，复原力得以培养并得到强化。对学生而言，具体表现为学生对学校的适应性增强，学习态度变得积极，这些改变会促进学习成绩的提高。

家长多将注意力放在孩子的性格优势上，还会间接增强孩子的幸福感，减轻其压力。

## "24项性格优势"测试

　　家长只有真正理解了性格优势的内涵，才能培养孩子的性格优势。对此，积极心理学中的行为价值观（Values in Action，简称VIA）体系提供了非常好的测评工具，即"24项性格优势"测试。

　　事不宜迟，快来和孩子一起看看你们各自有哪些性格优势吧!

## 1. 富有好奇心

对一切事物都有浓厚的兴趣，富有冒险精神。热爱收集信息、发现新事物。

父母　孩子

- ☐ ☐ 乐于探索新事物
- ☐ ☐ 总是想"这是为什么？"
- ☐ ☐ 积极收集各类信息

**激励的话语**

> 你又有新发现啦！太棒了！

> 你对各种有趣的事都兴味十足呢！

## 2. 热爱学习

热衷于学习新知识、掌握新技能。

父母　孩子

- ☐ ☐ 知其然，更愿知其所以然
- ☐ ☐ 珍惜学习机会，热爱学习环境
- ☐ ☐ 喜欢探索未知的事物

**激励的话语**

> 你查得可真详细呀！

> 你真是个"万事通"！

## 3. 有创造力

经常有别出心裁的创意。

父母　孩子

- ☐ ☐ 喜欢寻找灵感
- ☐ ☐ 经常反思并优化老方法
- ☐ ☐ 常常有一鸣惊人的见解

**激励的话语**

> 别人肯定想不到这么好的主意！

> 这个想法真棒！

## 4. 具备大局观

眼光长远、视野宽广，不囿于当下。

父母　孩子

- ☐ ☐ 能给朋友提出好建议
- ☐ ☐ 善于观察环境
- ☐ ☐ 懂得树立远大的目标

**激励的话语**

> 你将未来规划得不错！

> 看得出你认真地替大家考虑过。

## 5. 头脑冷静、灵活

善于从不同的角度看问题，遇事能够冷静地思考并做出判断。

父母 孩子

- ☐ ☐ 虚心接受他人的意见
- ☐ ☐ 做事不武断，凡事三思而后行
- ☐ ☐ 不感情用事，能理性地思考

**激励的话语**

你好沉着呀！　你的建议太有用了！

## 6. 诚实

对自己和他人都很坦诚，责任感强。

父母 孩子

- ☐ ☐ 遵守约定
- ☐ ☐ 不撒谎
- ☐ ☐ 能对自己的情绪和行为负责

**激励的话语**

你对自己一直很坦诚！　你很诚实呀！

## 7. 充满热情

态度积极，对一切都充满热情，不会三天打鱼、两天晒网。

父母 孩子

- ☐ ☐ 总是元气满满，能够感染身边的人
- ☐ ☐ 学得认真，玩得开心
- ☐ ☐ 非常活泼，喜欢令人兴奋的活动

**激励的话语**

和你在一起就很开心，你很有活力！　你真是个活力四射的小天使！

## 8. 有毅力

有坚持到底的精神和久久为功的定力。

父母 孩子

- ☐ ☐ 孜孜不倦地学习
- ☐ ☐ 对每件事都付出百分百的努力
- ☐ ☐ 面对困难不退缩，直至成功

**激励的话语**

恭喜你，成功啦！　你坚持到了最后，真是太厉害啦！

## 9. 充满勇气

相信自己能勇敢地面对困难。

父母 孩子

- ☐ ☐ 不惧挑战
- ☐ ☐ 敢于尝试
- ☐ ☐ 不被质疑的声音
  所干扰，坚持做
  自己认为正确的
  事情

**激励的话语**

你真是个充满自信、敢于尝试的孩子！

你勇于接受挑战，真了不起！

## 10. 富有爱心

能够共情，处处与人为善。

父母 孩子

- ☐ ☐ 珍惜亲人和朋友
- ☐ ☐ 能让别人感到
  安心
- ☐ ☐ 为别人的幸福
  而高兴

**激励的话语**

和你在一起我感到很安心。

谢谢你一直对我这么好。

## 11. 善于与人交往

善于理解他人，能够和不同的人友好相处。

父母 孩子

- ☐ ☐ 能够和不同的
  人友好相处
- ☐ ☐ 善于倾听
- ☐ ☐ 能体会朋友的
  心情

**激励的话语**

你总是主动找我聊天，真好！

你能够照顾到所有人的心情。

## 12. 体贴周到

善意满满，善于照顾他人。

父母 孩子

- ☐ ☐ 会在别人遇到困
  难时毫不犹豫
  地出手相助
- ☐ ☐ 相信"赠人玫
  瑰，手有余香"
- ☐ ☐ 乐于成全他人

**激励的话语**

你帮了我大忙！多亏有你！

谢谢你对我的照顾！

## 13. 热爱公平

能够平等地对待所有人。

父母 孩子
- ☐ ☐ 会认真考虑所有人的建议
- ☐ ☐ 认为偏袒是不好的
- ☐ ☐ 绝不允许差别与偏见存在

**激励的话语**

你值得信任!

谢谢你为大家考虑。

## 14. 有团队协作精神

在团队中发挥着重要作用,能够推动目标顺利达成。

父母 孩子
- ☐ ☐ 会认真思考自己能为团队贡献什么
- ☐ ☐ 认为团队成员团结协作十分重要
- ☐ ☐ 和大家并肩作战时十分卖力

**激励的话语**

有你在,我们肯定能顺利完成任务。

和你在一起我觉得干劲十足!

## 15. 具备领导力

能够在团队中起到领导、决策的作用。

父母 孩子
- ☐ ☐ 往往在团队中扮演重要角色
- ☐ ☐ 能够凝聚人心,带领团队不断前进
- ☐ ☐ 备受信赖

**激励的话语**

谢谢你把我们大家聚到一起。

我一直都很信赖你。

## 16. 宽厚、包容

即使面对别人的差错和失败,也能持宽容的态度。

父母 孩子
- ☐ ☐ 容易忘记令人不快的事
- ☐ ☐ 不会伺机报复
- ☐ ☐ 不会说难听的话

**激励的话语**

谢谢你原谅我。

你心胸真宽广呀!

## 17. 有自制力

能抵制诱惑，能控制自己的言行。

父母 孩子
- ☐ ☐ 不破坏规则与礼仪
- ☐ ☐ 即使倦怠时也会做好该做的事
- ☐ ☐ 在事态发展偏离计划时，不冲动、不生气

**激励的话语**

你意志力真强呀！

你一直都很努力呀！

## 18. 谨慎

采取行动时十分慎重，尽量避开危险、避免失败。

父母 孩子
- ☐ ☐ 总是三思而后行
- ☐ ☐ 善于制订计划
- ☐ ☐ 行动前会仔细观察

**激励的话语**

你好沉稳呀！

你在行动前做了充足的准备！

## 19. 谦虚

为人谦虚，不自大自满。

父母 孩子
- ☐ ☐ 当别人成功时，会真诚地送上祝福
- ☐ ☐ 能注意到别人的优点
- ☐ ☐ 能坦率承认自己的错误

**激励的话语**

从来不骄傲自满的你真是太棒啦！

你善于发现朋友的优点！

## 20. 有一颗感恩的心

能发现事物美好的一面，常怀感恩之心。

父母 孩子
- ☐ ☐ 能自然而然地表达谢意
- ☐ ☐ 珍惜自己拥有的事物
- ☐ ☐ 对大家的帮助与鼓励心怀感激

**激励的话语**

你很擅长表达谢意。

你很擅长发现生活中的美好。

## 21. 对未来充满希望

相信未来是光明的。

父母 孩子
- ☐ ☐ 相信"车到山前必有路,船到桥头自然直"
- ☐ ☐ 相信通过努力能改变命运
- ☐ ☐ 能为了未来努力奋斗

激励的话语

怀揣梦想的你真了不起!

你真是个积极乐观的孩子。

## 22. 有审美能力

能发现一切事物的美与优点。

父母 孩子
- ☐ ☐ 看到美好的事物就元气满满
- ☐ ☐ 能够发现并欣赏日常生活中的美
- ☐ ☐ 热爱山川、蓝天、大海等

激励的话语

你内心好丰富呀!

你眼光真好!

## 23. 感受力强

对悠久的历史和广阔的世界有深刻的感悟。

父母 孩子
- ☐ ☐ 对大自然和未知的事物怀有敬畏之心
- ☐ ☐ 对历史和文化传统怀有敬畏之心
- ☐ ☐ 会深切怀念逝去的亲属

激励的话语

你的感受力真强!

你敬畏自然,尊重文化传统,真棒!

## 24. 富有幽默感

是个开心果,擅长逗乐。

父母 孩子
- ☐ ☐ 经常用话语和动作逗周围的人笑
- ☐ ☐ 喜欢逗别人开心
- ☐ ☐ 在任何情况下都能发现事物积极的一面

激励的话语

你真开朗!

和你在一起真开心!

## 发掘潜藏的优势

怎么样，你找到自己和孩子的性格优势了吗？

日本积极教育协会在举办讲座时发现，人们目前对这 24 项性格优势的认可度还不算高，大家常发出"这竟然也算优势?!"的惊叹。所以，我们需要通过了解优势的内涵和种类认识到一个事实：人的优势是具有多样性的。

也许有家长会说，在对照了24项性格优势之后，没发现哪一项是在描述自己或者孩子的，说这话的人可能是受到了一些消极因素的影响。还记得消极偏见吗？比起积极事件，我们更倾向于关注那些与失败、不顺利有关的消极事件。受消极偏见的影响，家长常常会在无意间过多地关注孩子的缺点，而忽略了他的优势。为了摆脱消极因素的影响，发现孩子潜藏的优势，在日常生活中，家长要有意识地用赏识的眼光观察孩子，不断地问自己："我的孩子有什么优势？"这就像戴上一副"优势眼镜"，家长因此可以排除干扰，准确找到孩子的优势。

也许有人觉得性格上的优势不够直观，比较难于发现。其实，家长只要仔细观察孩子的言谈举止，就能发现一些端倪。

除了消极偏见，还有一些其他因素遮住了家长的视线（比如无意识地将自己难以接纳的性格特征投射到孩子身上），使他们无法发现孩子的闪光点。

以我为例，我曾经十分讨厌自己害羞腼腆的性格。所以，当发现女儿总是要花很长时间才能融入新环境时，我感到十分焦虑，还想了各种各样的办法试图帮助她摆脱这个局面。但在某一刻，我突然意识到自己陷入了怪圈，我在女儿身上看到的其实是我难以接纳的我自己的性格特征。从那以后，我愿意把女儿的行为看作谦虚谨慎的表现，而谦虚谨慎正是女儿的优势。

像这样，当在孩子身上看到令自己感到自卑的性格特征时，家长一时间往往难以接受。但就像我的例子所揭示的那样，这个性格特征也许正是孩子的优势。这种自卑情结引起的偏见有没有影响你对孩子的看法呢？请认真思考，然后以全新的视角观察孩子吧。

在此，我提供 3 个要点，帮助各位家长发现孩子的优势。

**要点 1** 参考优势三要素——擅长、常做、热爱

优势研究的重要学者——英国心理学家亚历克斯·林利（Alex Linley）博士认为，所谓优势并不仅仅指出色的方面，它还指让你保持自我、充满热情，让你的能力得到最大限度的发挥，并且为你带来成就感的方面。

澳大利亚墨尔本大学的莉·沃特斯（Lea Waters）博士将优势三要素概括为"擅长""常做"和"热爱"——只有同时具备这3点，才能被称为优势。这个判断标准不仅适用于性格方面，还适用于能力方面。举个例子，如果一件事你十分擅长且能做出成绩，但你一做就感到十分疲倦，无法调动激情，那么它就不算是你的优势。

**要点 2** 问问周围的人

很多人不清楚自己的优势，但很了解别人的优势，所以你可以试着问问周围的人你的优势是什么。别人描述的可能在你的意料之中，也可能出乎你的意料。当很多人不约而同地提到某个特点时，恭喜你，这个特点就是你突出的优势，并且是周围的人有

目共睹的。如果有人提到某个你未曾预料到的特点，那么我也要恭喜你，这意味着你多了一项自己未曾意识到的优势。

有时候，当家长指出孩子的优势时，孩子会表现出反感。这时家长就要耐心地告诉孩子，这项优势对他自己和他身边的人有很多积极的影响。比如，有的孩子不喜欢别人说他"认真"，因为他觉得认真意味着一本正经、枯燥无趣。那么家长可以告诉他："认真意味着你肯花力气和心思，大家觉得这样的人靠谱、负责任、值得信任。"孩子听到家长这样说，就会接纳自己的这一优势，会越来越喜欢认真的自己。

**要点3** 回忆成功的经历

请家长回想自己或孩子取得成功的经历，然后思考：当时发挥出了怎样的优势？很多情况下，成功是人们无形中发挥自身优势的结果。

举个例子，如果一个孩子加入了棒球社团和学生会，积极活跃，周围的孩子都喜欢他，那么我们几乎可以断定，这个孩子的优势是具有领导力和团队协作精神。

当然，孩子难免有发挥失利的时候，但家长只要有一双善于发现的眼睛，多关注孩子的成功经历，就一定能从中发现孩子的优势。

## 发现孩子的优势并告诉他

家长在发现孩子的优势后，一定要用准确的语言告诉他。

有一天，我带女儿到公园玩，在那里碰到了三姐弟在抓小蝌蚪。姐姐一边用手不停地捞，一边对我说："我们已经在这里捞了一个多小时，可是连一只都没抓到。"二弟不知从哪里找来一个空塑料瓶，用它拨着水，把小蝌蚪赶到姐姐那边。

过了一会儿，三弟突然走到不远处他们的妈妈身边问："咱们有用来捕虫的网兜吗？"看来，他已经意识到这样下去抓不到小蝌蚪，准备尝试新方法。

没过多久，3个孩子都抓到了小蝌蚪。

如果你是这三姐弟的妈妈，你会对3个孩子分别说些什么呢？如果答案是"太棒啦，你们都抓到小蝌蚪了"，那么你就失去了一次绝佳的教育机会。家长应该关注3个孩子在这个过程中所展现出来的性格优势，并且分别告诉他们。妈妈可以对不放弃的姐姐说"你一直没有放弃捞小蝌蚪，是个有毅力的好孩子"，可以对有团队协作精神的二弟说"你给姐姐提供帮助，真棒！"，可以对有创造性的三弟说"多亏你想到了好办法"。

像这样，家长可以尝试观察每个孩子的行为，找到他的优势，并用恰当且具体的话语夸赞他（图1-6）。这样有助于孩子清晰地认识到自己的优势，进而有意识地利用这些优势，使优势得到强化。另外，及时的夸赞还能让孩子感受到家长的关注与肯定，带给孩子莫大的喜悦。

## 问题行为中有时也隐藏着优势

有时候，孩子想发挥自己的优势，却给周围的人带来了困扰。例如，因为过度幽默而惹恼别人，被斥责"太过分了"；因为过于谦虚谨慎而显得畏首畏尾，被人责怪"连正当的意见也不敢提"。在这些情况下，孩子可能会觉得自己的优势、特质被否定了。这时，家长要告诉他，发挥自己的优势本身并没有错，但要注意方式。

**图1-6 关注孩子的优势,用恰当的话语夸赞孩子**

不同的孩子在同一项任务中往往展现出不同的优势,家长夸赞的话语要相应变化,以帮助孩子强化自己的优势。

我之前在一所学校工作的时候，碰到过一个领导力很强的孩子。一天，这个孩子为了推进某个项目，给其他同学分配了任务，结果这些同学产生了被命令的感觉，心中十分不悦。

遇到这种情况时，家长一定不要给孩子贴上消极的标签，要认识到领导力强其实是孩子的优势，只是孩子发挥优势的方式需要改进。毕竟，优势在某种程度上源于孩子的天性，孩子在自然而然发挥它的同时，容易用力过猛。

这时，家长可以对孩子说："领导力强是你的优势，这个优势帮了大家不少忙，大家都很感谢你。只是你这次的要求好像有点儿多，所以大家有些反感。你觉得呢？"像这样，先了解孩子的心情和行动意图（这非常重要），在此基础上再让他了解发挥优势的方式，告诉他"领导力强的人除了要带领大家不断前进之外，还要照顾大家的情绪"。这样的话语可以让孩子在珍惜自己优势的同时，从经验、教训中不断学习。

通过这样的体验和家长的恰当引导，孩子就能学会合理发挥自己的优势，并利用优势取得最佳效果。

## 不能发挥优势或缺乏优势时怎么办？

过度发挥优势的反面，是不能发挥优势或缺乏优势。当孩子不能发挥自己的某一优势或缺乏某一优势时，家长分别有不同的解决方法：创造让孩子能发挥优势的条件；让孩子用其他优势来弥补。

举个例子，江间是一名小学三年级的学生，她非常喜欢动物，想当班里的生物课代表（负责养鱼、浇花等），但是她没有参加班委竞选的勇气。这时，她拥有的"对未来充满希望"这一优势发挥了作用，她开始想象自己当上生物课代表后的快乐生活。最终，她举起了手，鼓起勇气参加了竞选。也就是说，她用"对未来充满希望"这一优势弥补了勇气不足的劣势，从而解决了问题。其实，每个人或多或少都拥有上文提到的24项性格优势，只是程度不同，而且这些优势都可以得到培养或强化。所以，当孩子的某一优势无法得到发挥时，家长不妨建议孩子试着发挥其他优势，也可以就这项无法发挥出的优势对孩子进行特定的训练。

## 自我认同感弱的孩子需要被肯定

到目前为止，我在学校和适应指导教室见过很多来参加复原力训练项目的孩子，他们的心理状态和所处的环境都不同。

其中，有些孩子极度缺乏自信，哪怕我对他们说"这就是你们的优势"，他们也根本不相信。这时，要进行有效的沟通，我就必须先耐心地引导他们，告诉他们很多令他们反感的特质中也许恰恰隐藏着优势。例如，暴躁易怒、固执己见的另一面是激情满满、正义感强；缺乏自信的另一面是有自知之明，能够接受别人的意见；杞人忧天的另一面往往是小心谨慎，愿意筹划未来。

这些对自己抱有消极看法的孩子非常需要家长进行引导。家长要告诉孩子："从一个角度看它是缺点，也许换一个角度看它就变成了优点。"家长只要不断重复这个引导的过程，就一定能让孩子认识到自己的优势。

如果孩子已经是初中生或高中生，又有过想要展现自我而被否定的经历，那么帮他找到自己的优势会比较困难。在这样的情况下，家长要有意识地和孩子一起发掘他那些被埋没和隐藏的优势。

秘诀 **7** 　　**建立亲密的亲子关系**

　　处理好人际关系是拥有幸福人生的重要条件。多项研究表明，幸福感强的人往往拥有良好的人际关系及丰富多彩的社交活动。

　　哈佛大学儿童发展中心称，儿童复原力训练过程中最不可或缺的就是孩子至少与一名成年人保持稳定且深入的关系，这名成年人可以是父亲、母亲或其他监护人等。

　　拥有了这样的关系纽带，哪怕遇到像新型冠状病毒引发的疫情这样的事件，哪怕价值观与生活方式受到巨大的冲击，孩子依旧可以走出困境、摆脱伤痛。

　　那么，应该怎样打造这样的关系纽带呢？我们一起来看看。

## 成为孩子的"安全基地"

英国心理学家、精神分析学派学者约翰·鲍尔比（John Bowlby）提出了著名的依恋理论。依恋可以指孩子与父母之间的感情纽带。

稳定的依恋关系能够增强孩子的安全感和对外界的信任。他会相信这个世界是安全的，遇到困难的时候有人会帮助他。此外，依恋还对孩子日后的成长及人际关系的处理有极大的影响。拥有稳定依恋关系的孩子，即使成年离开父母后碰到棘手、令人不安的事情，也能够沉着、冷静地采取行动。

对婴幼儿时期的孩子来说，如果他伸手要父母抱时父母会抱抱他，如果他因为饥饿而啼哭时父母会给他食物（也就是说，孩子的需求都能得到回应），那么他就可以感受到自己与父母间的特殊联结和纽带。类似的过程不断重复，孩子就会确认父母是值得信赖的，就获得了生活上的安全感。这样的孩子反而愿意离开父母，去探索更广阔的世界。

美国心理学家玛丽·安斯沃思（Mary Ainsworth）将提供稳定

依恋关系的父母称为"安全基地"。背靠"安全基地"的孩子拥有足够的勇气去尝试和挑战自己感兴趣的全新事物，去探索未知的世界。

这是因为，"安全基地"会给孩子足够的支持，会默默守护孩子。不过，守护绝不意味着忙前忙后、包办一切，而意味着在孩子真正需要的时候及时出现。在这样的守护下，孩子会有十足的安全感，从而可以迅速摆脱心中的挫败感，勇敢地战胜困难。随着孩子渐渐长大，他将走向更广阔的世界。这时，父母是否信任孩子至关重要——只有对孩子放心的父母才会支持孩子去未知的世界探险、挑战。

不过，孩子对父母的依恋并不仅限于婴幼儿时期，而是可以在成长的各个阶段逐渐累加的。长大后去探险的孩子难免会有遭遇挫折、一蹶不振的时候。这时，父母要让孩子感受到"无论何时'安全基地'都在自己身后""如果自己想出去探险，那么'安全基地'会一直无条件地守护自己"。通过积累这样的体验，孩子会对父母产生深厚的信赖感。

要成为孩子的"安全基地"，家长不妨这样做：在每天孩子离家时道一句"路上小心"，在孩子归来时道一句"欢迎回家"。

## 建立良好人际关系的三大法门

当孩子长大离开父母、开始独立生活时，其处理人际关系的方式对提升复原力将起到至关重要的作用。

伊奥娜·博尼韦尔博士将建立良好人际关系的方法归结为3种：感恩、宽容和共情。

研究证实，感恩的心态有多种积极作用。美国加利福尼亚大学戴维斯分校的积极心理学家罗伯特·埃蒙斯（Robert Emmons）指出，懂得感恩的人比不懂感恩的人更能体会到喜悦、乐观等积极情绪，还表现出更强的抗压能力及复原力。也就是说，一个人如果时常抱有感恩的心态，就能够感受到更多的积极情绪，进而获得更强大的复原力。

那么，怎样才能有感恩的心态呢？答案是，父母要成为孩子的第一任老师，起到良好的示范作用。

例如，孩子主动帮忙的时候，母亲不要用评价的口吻说"你终于知道过来帮忙了，这才是好孩子该有的样子"，而要以感恩的心态告诉孩子："你注意到妈妈在忙，有你帮忙妈妈感觉轻松多啦。"这样的表达一举两得，既让孩子意识到他具备"体贴周到"的性格优势，又让孩子感受到妈妈对他的感激之情。父母要在日常生活中多多留意类似的小事，时时不忘向帮助过自己的人表达谢意。时间一久，孩子自然会受到影响，不会认为周围的人对自己好是理所当然的，而会习惯于表达自己的感激之情。

建立良好人际关系的第二大法门是宽容。对于如何培养宽容的孩子，很多父母觉得无从入手，实际上机会非常多。特别是青春期的孩子，他们和朋友的关系比孩童时期的复杂，因而他们更需要父母的引导。遇到矛盾时，孩子和他的朋友如果都不愿意退让，只想逃避或报复，关系就会越来越糟糕。相关研究显示，孩子在对别人宽容的同时，自己的怒气也会消散。换句话说，学会宽容对青少年的心理健康有极大的益处。

那么，当孩子回家愤愤地说"朋友说我的坏话，我决不原谅他！"的时候，父母应该怎样做呢？请先告诉孩子，宽容本身就是困难的，很多大人都做不到；然后向孩子说明，宽容不代表自己认可了对方的行为，而意味着自己不再纠结于此事。此外，如果孩子学会共情，能够站在他人的立场考虑问题，那么他会待人更宽容。

共情是建立良好人际关系的第三大法门，是一个通过观察别人的言行举止去推测并试图理解其心情的过程。

倾听是共情过程中至关重要的一环。很多父母虽然了解倾听的重要性，却难以做到，常常要么没有听完孩子的话就急于发表意见，要么因为急于解决问题而忽视孩子的感受。

在孩子说话时，父母要认真倾听，认可孩子的情绪，理解孩子的心情，帮助孩子调整情绪、克服困难，这有助于培养孩子理解他人感受的能力，即共情的能力。

同时，倾听本身对培养复原力也有很大的帮助。日本复原力研究的重量级学者平野真理老师认为，复原力不足的孩子可以通过被倾听而获得建议和支持。孩子做好了接受建议的准备，也就做好了解决问题的准备。

此外，父母倾听孩子的心声还是让孩子从"安全基地"补充能量的重要方式。所以，多倾听孩子的心声，同时帮助孩子学会倾听吧！

## 乐其所乐

作为父母，在孩子报告好消息的时候，你做出了怎样的反应？你做出的反应将极大地影响孩子对你的信任程度。美国心理学家雪莉·盖博（Shelly Gable）认为，在有人和我们分享好消息时，我们如果表现出对这个消息的兴趣，乐其所乐，就非常容易取得对方的信任。

遗憾的是，很多父母做不到这一点。由于整日忙于工作、为生活奔波，父母往往没有时间和精力认真回应孩子。面对分享欲旺盛的孩子，父母有时会随口说一句"太棒啦"来敷衍了事，或者索性不耐烦地说"还不快去做作业"，甚至偶尔还会直接否定孩子——"这有什么大不了的"。好在父母只要意识到这个问题，就可以一点点地去改善。

当孩子分享喜悦的时候，父母要看着他的眼睛，一边仔细听一边点头表示自己很感兴趣，和他一起开心。这样一来，孩子的积极情绪会得到强化，他对父母的信任感和依赖感也会增强，最终亲子关系将得以深化。父母还可以主动问孩子："今天有什么让你开心的事吗？"然后流露出感兴趣的神情，面带喜悦地听孩子讲，乐其所乐。

## 让孩子敢于寻求帮助

对家庭和学校有归属感，相信关键时刻有可以依靠的人，对孩子的身心健康来说是不可或缺的。

一项脑科学研究显示，承受社会性拒绝的痛苦与承受腿部骨折的痛苦差不多。当前，被孤独感困扰的人逐年增多，这已经成为各国共同面临的棘手问题。

给孩子们上复原力训练课时，我始终强调一件事，那就是：每个人都有需要帮助的时候，敢于寻求帮助是非常了不起的。

很多孩子倾向于自己解决一切问题，这样做的原因多种多样：不愿让家长担心，不希望别人看到自己软弱的一面，不想丢人，害怕被批评，等等。然而，这样做只会让问题变得复杂，最终使孩子身心俱疲。

要防止这种局面出现并不难，家长只需要告诉孩子"敢于求助是有勇气的表现"，同时营造和谐轻松的家庭氛围，给孩子足够的安全感，这样孩子才愿意求助。

不仅限于家庭内部，如果孩子在家庭之外的其他环境中获得安全感，他也会愿意求助。因此，家长要从平时做起，多倾听孩子的声音，不要随意批评孩子或者否定他的想法，而要接受孩子真实的想法并告诉他："无论发生什么事，我都会站在你这一边。"

## 父母的积极情绪惠及子女

养育孩子是件幸福的事情，但有时候也让父母感到劳累烦躁、一筹莫展。在日本，产后抑郁和育儿焦虑已经成了严重的社会问题。另外，一项以260位法国母亲为对象的研究表明，她们当中将近20%的人罹患心身耗竭综合征。

不过，也有研究表明，父母通过有意识地"积累"自己的积极情绪，能够有效弱化情绪不佳给孩子带来的消极影响。研究人员测试了孩子4～5岁时以及4年后（孩子8～9岁时）父母的育儿压力。在实验中，研究人员通过观察母亲与孩子一同玩耍时的状态，测出了孩子的情绪值和母亲对孩子的敏感度（母亲能否敏锐地从孩子的言行中感知其情绪，并做出反应和给予支持，这对孩子的成长至关重要）等数据。研究人员最终得出了以下结论：
那些在孩子年幼时就背负巨大压力的母亲，在孩子长大一些后，
一旦感受到压力，就不再对孩子的反应敏感；而那些在孩子年幼
时积极情绪多、幸福感强的母亲，在孩子长大一些后，即便感受
到了压力，也依旧能对孩子保持耐心，敏感度处于较高水平。

也就是说，积极情绪是压力的缓冲剂，父母的积极情绪可以
间接保护孩子。积极情绪还有助于积累体力、智力、社会及心理
等方面的能量。那些在面对压力时依旧拥有积极情绪的父母，可
能正是充分利用了这些能量。

很多父母每天忙着照顾孩子，完全没有自己的时间。其实，
为了自己去积累积极情绪，也是对孩子莫大的帮助。父母应该给
自己足够的时间来享受生活中幸福的点点滴滴，珍惜每个让自己
内心感到满足的瞬间——可以是对别人表达谢意，也可以是逛公
园等。此外，请经常温柔地对自己说："你真的很努力。"

第2章

不惧困难的孩子到底是怎样培养出来的：父母的实用话语

## 实例 1 孩子情绪低落，表示"不想去上学""讨厌学校的人和事"

"为什么不想去上学？上学很有意思呀！"

"没必要把这种小事放在心上。"

"那怎么办？"（和孩子一样变得情绪低落。）

"谢谢你愿意告诉我。"

"你想和谁倾诉一下具体原因呢？"

"原来如此，那先好好休息吧！"

## 感谢孩子的求助

　　突然听到孩子说"不想去上学"，家长肯定先是吃惊，紧接着就是烦恼、头疼。其实，在说出这句话之前，孩子肯定已经经历了一段时间的心理斗争，这话是他犹豫了好久才鼓起勇气说出来的。可是对家长而言，这样的宣告实在突然，仿佛晴天霹雳一般。于是家长开始刨根问底，条件反射般质问孩子："为什么不想去上学？上学很有意思呀！"如果孩子说学校里发生了一些糟心事，自己因此情绪低落，家长就会赶紧说"这种事有什么好在意的？"或者"没必要把这种小事放在心上"。由于被要尽快解决问题的想法冲昏了头，家长容易叹气或随口说些不负责任的话。另外，也有些家长会因此焦躁不安："那怎么办？"然后和孩子一样陷入沮丧和烦恼。

　　各位家长，请一定控制好自己，千万不要像上面说的那样做。最重要的是，既然孩子鼓起勇气告诉了你这件事，你就应该对他表示感谢。毕竟，孩子在遇到问题、感到烦恼的时候能够主动对你倾诉是十分不易的。家长要让孩子明白，从来不依靠别人，任何事情都自己扛，不算是真正的强大。相反，适当表现自己的烦恼与脆弱才是内心强大的表现。

当孩子敞开心扉与家长交谈时，家长要认真倾听。其实，有的时候孩子不知道或不确定自己为什么不愿意去上学，只是感到十分不安。这时，家长要用接纳和包容的态度去安抚孩子："原来如此，那先好好休息吧！"家长一定要相信孩子拥有依靠自己重新站起来的力量，相信只要自己坚定地站在孩子这边，理解他、守护他，孩子就一定能够战胜困难。

我在学生时代也有过不想去上学的时候，当时老师对我说："老师会一直关注你、支持你。"这句话对我而言意义重大。每当想到老师不会放弃我，而且相信我有重新站起来的力量，我就感到十分安心。

　　其实，孩子对大人的言行十分敏感。当大人表示相信孩子能够自己战胜困难时，孩子会感觉到自己得到了大人的信任，从而获得战胜困难的勇气和力量。相反，如果大人表现出了不放心的态度，那么孩子就会认为大人不相信自己，进而丧失战胜困难的勇气和力量。

　　此外，有一部分孩子不愿意与家长沟通，却可以对关系并不亲密、但他们认为值得信任的人吐露心声。有鉴于此，家长发现孩子不愿意跟自己沟通时，不妨对他说："很多人特别擅长倾听，你愿意和他们聊聊吗？"以此帮助孩子找到合适的倾诉对象，比如亲友或者心理咨询师。

✕

"没关系，你很快就会习惯的！"

"这是没办法的事啊！"

〇

"不只是你，经历这么大的变化，换成谁都会感到不安的。"

"的确会不安……不过，新环境应该很有趣吧？"

## 引导孩子关注事物美好的一面

升学、转学意味着孩子要进入全新的环境和遇到陌生的同学。这时，孩子会感到强烈的不安以及和好友分离的悲伤。如果学校在学生升入高年级时重新分班，一些孩子也容易心情不佳，担心和好朋友分开。孩子一旦陷入这样的消极情绪，就很难意识到新环境也有好的一面。

其实，环境的变化提供了一个非常好的契机，它可以锻炼孩子面对变化时的适应能力。

首先，家长要对孩子不安的心情表示理解，可以说"你有这样的感觉很正常""我非常理解你的心情"。其次，家长要引导孩子关注变化所带来的好处，比如问问孩子："新学校里有什么有趣的事情吗？"最后，家长还可以帮助孩子寻找应对变化的方法，包括体验新环境所带来的快乐、思索与老朋友相聚的方式等——这些方法能够让孩子重新变得开朗。在平时的生活中，家长还可以多问问孩子："今天有什么令你开心的事吗？"通过问孩子事物的积极方面是什么，培养孩子积极看待事物的能力。

到了小学高年级，孩子的元认知能力得到发展，他会主动尝试发现事物的积极方面。马丁·E.P.塞利格曼博士认为，善于积极看待消极事件，是强大内心的要素之一。

积极看待问题，指的是人即使面对消极事件，仍然拥有以下心态：不将所有责任都归结到自己身上，能够客观分析大环境等多种因素；相信消极事件只是暂时的，长远来看一定有解决办法；认为发生的消极事件相对独立，不会波及自己生活的其他方面。

当没有在新的班集体中交到朋友时，积极看待问题的孩子会想："虽然我现在没有朋友，但像我这样的人不止一个。几天前姨妈家的小敦说，他刚搬到新家的时候也没有朋友。再说，我迟早会交到新朋友的，现在可以先跟兴趣班的小伙伴一起玩。"相反，消极看待问题的孩子会认为目前没有朋友的局面是自己造成的，这个问题无法解决，并且会影响自己生活的其他方面。

　　家长可以对照塞利格曼博士提到的 3 种心态来引导孩子积极看待问题，教孩子学会正确看待消极事件，引导孩子转换视角——"情况不会一直这样的""这不代表你的一切努力都白费了"。以上都是颇为有效的引导方式，各位家长不妨试试看。

✕

"为什么你就是做不到？"

"你向人家××学学！"

"你这么内向，怎么行？"

○

"谨慎其实是你的优点。"

"按照自己的节奏来就好。"

"咱们一起想想怎么做才能变得更好吧！"

## 让孩子意识到内向也是一种优势

有的孩子不敢表达自己的想法，不敢积极地探索、尝试。这种内向的性格往往被认为是缺点。其实，家长不妨换个角度：性格内向的孩子往往比较谨慎，考虑问题比较全面，而且更重视他人的意见。此外，他们善于仔细观察周围的环境，不鲁莽行事。这些显然都是值得称道的优势。

然而，过度谨慎会让孩子瞻前顾后、畏首畏尾，最后被别人牵着鼻子走。这时，如果有其他优势来弥补这些不足，孩子就能在做自己的基础上继续发挥自己的优势。那么，家长该怎样做呢？

家长先要让孩子明白内向其实是他的优势。"谨慎其实是你的优点"——给孩子指出他隐藏的优势可以极大增强他的自我认同感。接下来，鼓励孩子做他真正想做的事情："把想说的话说出来吧！""如果你勇敢地去做，心情会怎样呢？"孩子听到这些话，潜在的勇敢、乐观等优势也许就会被激发出来，而这有助于他进一步发挥自己的优势。

拿孩子同别人比较是不明智的做法，这样既无法培养孩子的新优势，又不能激励他发挥已有的优势。长此以往，孩子容易滋生不良的求胜欲，为了满足虚荣心，不惜付出巨大的代价去战胜别人，最后只会过得很辛苦。

如果要比较，可以拿孩子的现在与过去相比。孩子如果希望自己能够当众发言，哪怕前100次都失败了，只要第101次成功了，家长也要及时表扬他。简言之，家长要尊重孩子的节奏，关注他的进步并称赞他。这个方法同样适用于矫正孩子的问题行为。

另外，温和、老实的孩子在与朋友交往时容易遇到困难。他们不善于表达，想提的意见不敢提，大多数时候都对朋友言听计从。很明显，要长久维持这样不平等的友谊是困难的。这时，家长可以引导孩子关注这个问题并思考如何改变："咱们一起想一想：怎样才能让他和你都开心呢？"孩子找到改变的方法后，就可以一个一个去尝试。如果这些方法都不奏效，那么家长可以再问问孩子："你想要什么样的朋友？"通过这个问题，促使孩子进一步思考什么样的朋友才是真正的朋友。

実例 **4** "反正也不行"——孩子没有干劲，拒绝一切挑战

✕

"没问题，你可以的！加油！"

"你就是因为没干劲，才干啥啥不行！"

〇

"那先从能做到的事情开始吧。"

"咱们先只做这一件事。"

"今天试着做5分钟吧。"

## 教孩子分解目标，积累成功经验

　　孩子面对全新的挑战，有时会自暴自弃，说："反正我也做不到，不如放弃。"这时，家长多半会有恨铁不成钢的感觉，急着鼓励孩子："没问题，你可以的！加油！"

　　可是，孩子如果认为目标太遥远，自然会觉得这个目标根本实现不了。越是谨慎小心、思虑周全的孩子，这种倾向就越明显。

　　这时，建议家长为孩子分解目标，让他意识到自己成功的可能性很大。家长不妨对孩子说"咱们先只做这一件事""今天试着做5分钟吧"，以此慢慢向最终目标靠近。一定要保证分解后的目标在孩子的能力范围内，让他觉得自己只要稍微努努力就能达到，这样孩子才能用积极的心态去做事。

　　只要孩子迈出了第一步，那就是值得肯定的，家长要和孩子一同分享这份喜悦："挑战成功啦！""哇，成功了！太好啦！"家长只要不断重复这个过程，孩子就能在一步一步的尝试中学会相信自己，越来越积极向上、充满干劲。

有的家长也许认为这样做进展太慢，孩子将很难实现最终目标。但是别忘了，心急吃不了热豆腐。孩子如果直接挑战难度大的任务，可能努力很久也没有任何结果，还会被人冷嘲热讽："反正你也不行，不如早点儿放弃。"长此以往，孩子就会对自己失去信心，觉得自己什么都干不成。

这种状态就是我之前提到的习得性无助。失败经验累积过多，人就丧失了继续努力的动力—哪怕可能有转机，换个方法努力尝试就有希望，也会觉得怎么做都无济于事，不如直接放弃。

那么，怎样才能帮助孩子摆脱习得性无助呢？家长要先告诉孩子"失败不是因为你能力不足"，接着引导他不断尝试、优化方法、设置合理目标，帮助他积累足够的成功经验。

通过努力积累成功经验，孩子会慢慢意识到自己的努力是可以产生好结果的。这种感受就是自我效能感，与习得性无助不同，它是培养复原力的重要条件。所以，不要心急，让孩子从能做到的事情开始吧！

**✕**

"别再闷闷不乐了！"

"没事，人不可能事事顺利的。"

"为什么这么简单的事你都做不好？"

**○**

"你一直很努力，真是辛苦了。"

"有点儿遗憾？没关系，不顺利的时候难免会有。"

"这次不太顺利，咱们反思一下哪里可以改进，争取下次成功。"

## 引导孩子接受遗憾、树立自信

　　越是在重要的考试或比赛中发挥得不好，孩子就越容易情绪低落。努力了很长时间却没有收获满意的结果，伤心失落在所难免。但是，一直责怪自己"我怎么这么笨？"或者认为"人生已经完了"，对克服困难没有任何帮助。孩子只有接受遗憾，学会安慰、关怀自己，才能拥有走出困境的力量。

　　然而，孩子很难自己消化消极情绪，往往不会安慰自己。这时就需要家长的理解和宽慰。请家长面带微笑，用温柔的语调对孩子说"很难受，对吗？""你一直很努力，真是辛苦了""有点儿遗憾？没关系，不顺利的时候难免会有"。慢慢地，孩子就能学着大人的样子接纳自己、安慰自己。

　　在此基础上，家长要尝试培养孩子的成长型思维，让他明白他还有很大的提升和发展空间。事实上，家长如何看待孩子的失败与挫折，在很大程度上影响着孩子的思维模式。

举个例子，如果孩子失败时家长表现得过于云淡风轻（"没事，人不可能事事顺利的"）或者反应过于激烈（"为什么这么简单的事你都做不好？"），那么孩子接收到的信息就是"爸爸妈妈认为我没有做好这件事的能力"。渐渐地，孩子就会固执地认为自己是一个无法提高能力的人。

相反，如果家长说"这次不太顺利，咱们反思一下哪里可以改进，争取下次成功""成长的过程总是伴随着失败的"，孩子就会明白，失败不全是因为自己能力不足，也不意味着自己以后会一直失败。如此，孩子就能够形成成长型思维，相信今后自己的能力可以不断提升，相信自己能取得成功。

总之，家长不应过度关注孩子能否成功，而要引导孩子认识到失败与成功的关系以及失败对成功的意义，从而正确看待失败，不断学习、不断进步。

实例 **6** 孩子在考试、比赛、演讲等前夕被压力压垮

✕

"你一定要坚强！"

"紧张容易导致失败！"

"可别失败啊！"

⭕

"紧张是在所难免的。"

"没关系，放松点儿。"

"一起来做深呼吸。"

153

## 教孩子缓解紧张情绪的方法

面对考试、比赛、演讲等对人生有重要影响或关乎声誉的事情时，除了事情本身带来的压力外，孩子往往还背负着父母和周围其他人的期望，因而难免产生较强的紧张感。

有些孩子在压力面前从容不迫，但相当一部分孩子在面对压力时会感到紧张、不安和焦躁。不过，这并不意味着紧张不安的孩子比从容镇定的孩子脆弱，而意味着前者更看重眼前的事情，非常想把它做好。如果对要做的事情抱着无所谓的态度，就不会那么紧张了。

对陷入紧张情绪不能自拔，甚至几乎要被压力压垮的孩子，家长不要说"你一定要坚强""好好努力，可别失败啊"之类的话，这些话只会给孩子增添额外的负担，让他更加紧张。

对于这样的孩子，家长要做的是帮助他掌握缓解紧张情绪的方法。家长可以通过温柔的话语帮助孩子缓解紧张情绪，教孩子深呼吸的技巧，这有助于改善孩子的状态。

我推荐大家经常说"放松"。这个词可以表示很多意思，比如"镇定些""我理解你现在紧张的心情""没关系，你一定能发挥出自己的实力"……

每当我的孩子害怕去医院，或者我的学生在考试前因为紧张而失眠时，我都会说"没关系，放松点儿"，同时带着他们一起深呼吸，往往收效甚好，孩子们基本能很快镇定下来。

此外，家长还可以引导孩子想象成功后的情景——"你如果成功了，会有什么感觉？""成功后的心情是怎样的呢？"总之，家长要让孩子感受到积极情绪，进而变得坚强。

心理状态的调节离不开话语引导，身体状态的调节则可以通过深呼吸和适度运动来实现，它们可以有效改善由紧张引起的呼吸急促、肌肉僵硬等。

✕

"为什么你在英语考试中从来都考不到第一名呢？"

"那你一定要努力做到哟！"

〇

"妈妈一直觉得你是个善良体贴的孩子。"

"你一直都是个遵守约定的孩子，特别棒。"

## 夸夸孩子的性格优势

孩子有时会丧失信心，觉得自己一无是处，不被任何人需要。特别是在当今社交媒体盛行的时代，孩子几乎每天都在网络上看到别人的多彩生活和精彩表现，就会不自觉地拿自己去和别人比，以致失落、消沉。这种在比较中丧失信心的倾向，在心情不平静、不安稳的时候更加明显。

当发现孩子有这种倾向时，家长多半会急于否定："没有的事！""胡说，你明明有很多优点！"请注意，在面对这种情况时，基本的处理原则就是不否定孩子的情绪，而要接纳它。家长先要表示自己对孩子的想法与情绪的理解。这样一来，孩子就会感到安心，感到真实的自己得到了肯定。

在此基础上，家长可以循序渐进，引导孩子认识到他的性格优势。家长要将孩子的性格优势详细地描述出来，让孩子注意到自己的优势，这非常有助于培养孩子的自我认同感。关于如何描述性格优势，各位家长可以参考第1章的"24项性格优势"。家长描述得越详细，效果就越显著，比如"你不是帮助过迷路的小朋友吗？多亏了你，那个孩子才开心起来。当时我就想，你真是个善良的孩子"。

需要注意的是，家长的关注点要聚焦在孩子的性格优势而非技能优势上。技能优势一般具有时代的局限性。当一项技能不再适应时代，或者当水平更高的人出现，孩子可能会强化"我什么都干不好"的认知，进而变得消沉。而性格优势是谁也夺不走的，是不被时代所左右的，它是独属于孩子自己的优势。

请告诉孩子，他自身的性格优势才是他赖以为生的东西。

有时，孩子听不进大人的话，还是一味地否定自己。这个时候，家长可以安静地听孩子表达自己的想法。如此，孩子就会觉得家长是理解自己的，至少是站在自己这边的，从而慢慢培养起自我认同感。

# 孩子发脾气，又哭又闹，完全无法沟通

"差不多得了，你真的很烦！"

"你为什么这么任性？！"

"快点儿，别磨磨蹭蹭的！"

"妈妈也需要平复一下情绪。"

"怎么办好呢？咱们一起想想办法吧。"

"有什么需要爸爸妈妈帮忙的吗？"

## 平复自己的情绪后，再和孩子沟通

父母肯定遇到过这样的情况：孩子因为和兄弟姐妹吵架或者做事不顺利而大发脾气，甚至哇哇大哭；大人急着出门，孩子却一副事不关己的样子，拖拖拉拉……面对这些让人头疼的情况，父母可能一开始还能冷静应对、好言相劝，但过不了多久就会不由自主地失去耐心，口不择言地对孩子说"差不多得了，你真的很烦！""你为什么这么任性？！""快点儿，别磨磨蹭蹭的！"……

然而，父母是孩子最好的老师，在孩子面前情绪失控肯定不好。遇到上述情况时，父母需要先平复自己的心情。在确保孩子安全的情况下，父母可以暂时离开一会儿，深呼吸，唱唱歌，舒展舒展身体。但在离开前父母要跟孩子说清楚："爸爸／妈妈现在有点儿烦躁，需要平静一下，过一会儿就好。"这样一来，当孩子产生消极情绪的时候，他就会自然而然地学着父母的样子控制情绪了。

情绪平复后，父母就可以回来对孩子说："让你久等啦，爸爸／妈妈心情已经变好了。"然后抱抱孩子，摸摸孩子的背，帮助孩子调节心情。

兄弟姐妹吵架的话，父母要分别与每个孩子谈话，了解每个孩子的情绪并描述给他听。将情绪用语言表达出来，本身就有助于平复情绪。

等孩子心情平静下来后，父母可以问孩子："有什么需要爸爸妈妈帮忙的吗？"父母还可以引导孩子思考如何解决问题："咱们一起想想办法吧。"

此外，父母还可以用幽默的方式化解孩子的紧张感，营造轻松的氛围，让孩子展露笑容。

# 孩子不遵守与父母的约定、晚归或偷偷跑到危险的地方

❌

"跟你说多少遍你都不记得！"

"为什么你就是不听话呢？！"

"以后你别想再出去玩了！"

⭕

"天黑了，我们担心你。"

"你如果要晚点儿回来，一定要告诉我们。"

"我们怕你遇到危险。"

"如果你能遵守约定，我们会很开心。"

## 学会用"我……"或"我们……"的句式表达

晚于家长规定的时间回家、独自去了不该去的场所……当孩子这么做的时候，家长一定会担心他的安危，为此焦虑不安，无法冷静。

这时，不要使用以"你"开头的、以孩子为陈述对象的表达方式，而要使用以"我"或"我们"开头的句式来表达担心和忧虑。

"我……"或"我们……"的句式有助于我们有效表达自己的感情。具体来说，可以说"天黑了，我们担心你""我们怕你遇到危险"等，这些句子的主语都是"我"或"我们"。

如果说以"你"为主语的句子，对方就容易将其解读为责怪、埋怨甚至强人所难。我相信，不管家长怎么表达，想要传递给孩子的信息一定是"担忧"和"爱"："爸爸妈妈担心你遇到危险""对爸爸妈妈来说，你是最重要的""爸爸妈妈不想让你大晚上外出或者去一些危险的地方"。推荐各位家长采用这种直率的方式表达自己的感受，而不要通过责怪来迂回表达，这样孩子才更容易理解家长的苦心。

例如，当孩子说谎时，比起"你不要说谎！"或者"你是个说谎的坏孩子"，"爸爸妈妈如果听不到真相会很难过""我们希望你信任我们"更能促使孩子思考，进而改变说谎的行为。简言之，诀窍就是多用"我……"或"我们……"的句式。另外，不要否定孩子的性格，而要关注孩子的某种行为造成的影响。

语气、态度等也在交流中起重要作用，且人们对语气和态度的敏感度比对话语本身的高得多。所以，家长在被消极情绪冲昏头脑时，如果语气和态度不自觉地流露出怒意，哪怕用的是"我……"或"我们……"的句式，也无法收到良好的交流效果。

家长在处于愤怒状态时不要急于和孩子交流，而要先稳定一下自己的情绪。还要注意的是，话语和态度保持一致，今天的态度和昨天的保持一致，这样做容易博得孩子的信任，使交流变得顺畅。

# 10 孩子只管玩闹而不管收拾，房间里乱得不像样

**✕**

"我到底要说多少遍才管用?!"

"现在马上给我收拾干净!"

**○**

"袜子掉在地上啦。"

"脱下来的上衣该放到哪里呢?"

"房间里干干净净的话，大家心情都会跟着变好。"

## 用约定代替命令

如果孩子就是不听话，被告诫多少遍都不知道收拾，看到房间里乱糟糟的，家长肯定十分生气，甚至会忍不住大吼："我到底要说多少遍才管用?!""现在马上给我收拾干净！"我们都能理解这样的心情，但也知道这不是解决问题的办法。

此时，家庭规则就显得十分重要。如果孩子真正理解规则，那么家长只要给适当的提示就够了。"袜子掉在地上啦。""脱下来的上衣该放到哪里呢？"类似的场景描述能让孩子意识到他接下来该做什么。万一孩子没有意识到，家长也不必用命令的口吻说"赶紧给我收拾好"，只需提醒孩子："咱们怎么约定的来着？"

另外，家长还有责任帮助孩子了解社会的公共秩序，让孩子渐渐形成遵守规则的意识。那么，家长具体该怎么做呢？科学的育儿方式有利于培养出具有健康人格和出众能力的孩子。以下 4 种育儿方式提供了答案。

### 1. 民主型

日常生活中，家长会在充分接纳孩子情绪及尊重孩子想法的基础上进行必要的限制，设置合理的规则，并且在规则设置伊始就确定好违反规则后的处置措施。以教为主，不提倡惩罚。

### 2. 权威型

威严有余，温情不足。要求孩子遵守规则却不解释规则的必要性，孩子如果违反规则就只能受罚。这样做或许表面上让孩子变得十分温顺乖巧，实际上非常容易导致孩子走极端——不是丧失了自主思考能力，就是产生了极强的控制欲。

### 3. 消极被动型

溺爱有余，威严不足。一切以孩子为中心，照顾其情绪与需求，不进行任何限制。

### 4. 漠不关心型

不关心孩子的情绪，也不为其设置任何规则。用这种方式培养的孩子最容易出现问题行为。

研究显示，权威型和漠不关心型的育儿方式容易使孩子出现情绪问题和人际交往问题。消极被动型的育儿方式虽然有一定的优点，却很容易使孩子丧失自主奋斗、追逐目标的能力。

所以，掌握好"民主"与"集中"的平衡十分重要。家长既要关心孩子的情绪和想法，又要让他明白规则的重要性；不能只顾着甩出规则，只要孩子违反规则就进行严厉的惩罚。家长完全可以同孩子一起制订、修改规则，这样有利于孩子意识到自己是十分重要的家庭成员，有利于培养孩子的家庭责任感。

# 11

## 孩子总担心自己感染了病毒，或担心发生地震等灾害

**✕**

"你不会有事的，放心吧。"

"担心也没有用。"

**〇**

"万一你感染了病毒，我们会陪你去医院。肯定能治好的。"

"只要积极治疗就会康复的，放心吧！"

"我们的宝贝是不是有点儿不安呀？"

169

## 将不安的心情想象成鹦鹉

2020年，新型冠状病毒引发了疫情。从那时起，电视上时常有关于疫情的报道，甚至社区和学校也出现感染者，这些情况让孩子们感到十分不安。每个孩子都免不了这样想："我要是也感染了，怎么办？""要是家人感染了，我可怎么办？"

家长看见孩子担心的样子，第一反应肯定是安慰他："你不会有事的，放心吧。"然而，这种敷衍的话并不会让孩子的心情变得轻松。

那么，当孩子对疫情等灾难性事件感到不安与担忧时，家长该怎样做呢？

一是与孩子讨论应对的策略。最让孩子感到不安的其实是灾难性事件的未知性与不确定性，孩子不知道感染了病毒后能不能痊愈，可不可以和家人见面，还能不能去上学……因此，家长不妨和孩子一起谈论这些问题，确定应对策略。应对策略越具体越好，家长可以跟孩子说"咱们可以去医院治疗""到时候就打急救电话"等，这样孩子可以联想到具体的场景，从而不再提心吊胆。

二是将孩子的情绪和想法与孩子本身剥离开来。家长可以将孩子不安的原因归结到"鹦鹉"身上，对他说："杞人忧天的鹦鹉站在你的肩上，它一定说了什么让你不安的话，咱们一起想想怎样驯服它。"如此，孩子就能够将消极情绪具象化，从旁观者的角度冷静、客观地看待问题，调节心情。久而久之，孩子就学会了主动消化不安情绪。

三是告诉孩子任何情绪都有消失的时候，不会一直持续。家长可以直接问孩子："你会一两年都为一件事生气或者不安吗？"家长像这样多说几次、多问几次，孩子的情绪就能平复。这是因为，孩子知道眼下的不安情绪不会永远持续，总会在某一个时间点消散后，心情自然会平静许多。

✖

"好可怜……"

"受伤了就只能放弃了。"

○

"情况现在确实不太乐观，不过一定会变好的！"

"咱们尝试一下那个治疗方案？"

"没关系，以后还有机会。"

## 用充满希望的话语来引导孩子

刚成为足球队主力队员就受伤了，没办法上场比赛了；芭蕾舞演出前，双脚突然疼痛难忍……平时付出得越多，孩子此时就会越失落。有的孩子甚至觉得自己再也不可能回到从前了。

这个时候，能缓解低落情绪的只有"希望"。

心理学家认为抱有希望是一种积极的看待事物的方式。

人们抱有希望的原因可以是"确定了目标，并且想到了多种途径去实现它"，也可以是"产生了为实现目标而奋斗的愿望"。家长只要用恰当的话语引导，为孩子制造产生希望的契机就可以了。

针对孩子因受伤而无法参加活动的情况，家长可以先行搜集有效的治疗方案和康复训练方案，然后告诉孩子："看，有这么多效果不错的治疗方案，咱们试试吧。"如此，孩子会产生主动尝试的想法，希望也就随之出现了。

类似于"我一定能行""我会继续努力的"的想法会成为动力源。当孩子认为自己一辈子都没办法再从事某项活动时，家长一定要耐心劝导："也许你很难回到之前的状态，但是你只要积极配合治疗，就一定可以继续进行这项活动。"如此，孩子就会觉得自己还有希望，认为自己"一定可以"，会继续努力。

在条件允许的情况下，家长要尽可能地为孩子规划多条通向目标的路径，因为谁也不知道哪条路对孩子来说是"最优解"。

人生本就不是一帆风顺的，几乎没有人可以永远按照既定的方向走下去。虽然接受这个事实比较困难，但是满怀希望的人在发现一条路走不通后，马上就会改弦易辙，寻找其他路径。

有时，我们不得不选择"次优解"，而"次优解"同样可以为我们带来希望。

因此，在孩子遭遇类似挫折的时候，家长一定要和孩子一起思考多种解决方案。当孩子意识到"次优解"也能成就幸福人生的时候，其复原力就会得到提升。

# 孩子取得了某项成就（比如画出很棒的画、在运动场上表现出色、考了满分）

✕

"你真是太棒了，果然有天赋！"

"你很有才华！"

"你做到啦！恭喜！"

○

"我很喜欢你这幅画中的颜色搭配。"

"真不愧是严格按照计划努力学习的孩子！"

"你每天辛苦地练习，现在终于有收获啦！"

## 夸奖孩子的努力过程和性格优势

孩子从小积累的经验以及大人的反馈会构建他的认知方式，也就是之前提到的思维模式，而家长在孩子表现优异时的反应极大地影响着孩子的思维模式。

"你真是太棒了，果然有天赋！""你很有才华！"像这样，如果家长总是夸奖孩子的才能，孩子很可能渐渐将自己的价值等同于这些才能。也就是说，这种夸奖方式会让孩子形成固定型思维，认为自己的价值在于天赋或灵活的头脑。在这样的夸奖方式下成长的孩子会格外重视他人对自己才能的认同，倾向于远离挑战。当不得不面临其他方面的考验时，他会认为："我没有这方面的才能，努力也不会有用的。"

另外，"好棒，终于成功啦！""你做到啦！恭喜！"等略显敷衍的夸奖方式，没有反映出孩子具体在哪些方面做得好，偶尔还会让孩子感到不安，家长应尽量避免使用。

家长应该将目光投向孩子努力的过程，关注孩子付出的努力、技能的提升、方法的改进，这样就能帮助孩子形成成长型思维，让孩子相信自己未来还会不断进步。

"有哪些东西派上用场啦？""最困难的部分是什么呢？"家长还可以像这样，通过询问努力过程中顺利的部分与困难的部分，引导孩子关注过程。

家长如果对过程给予了足够的关注，甚至关注过程胜于关注结果，孩子就能逐渐形成成长型思维。这样，他就知道自己做什么才能够顺利前行，从而变得越来越积极，复原力也将得到提升。

家长在夸赞孩子努力的基础上，最好关注一下孩子在这个过程中所体现和发挥出来的性格优势，并及时给他反馈，比如对孩子说"你一直在坚持不懈地努力""真是个好主意！你很有创造力！"。

如此一来，孩子的行为和性格就都得到了肯定。孩子将懂得努力的重要性和坚持自我的意义，并且带着这样的信念笃定前行。

# 孩子兴致勃勃地沉浸于某项活动

**✕**

> "你要弄到什么时候？作业做完了吗？"
>
> "这种东西到底哪里有意思，让你乐在其中？"

**○**

> "你好专注啊，玩这个感觉怎么样？"
>
> "这好像很有意思，我能和你一起玩吗？"
>
> "能够专心致志做自己喜欢的事，是非常不简单的！"

## 强化孩子的积极情绪

有时候，家长不经意间发现孩子在一脸认真地忙着什么。这时，家长往往会趁此机会去忙工作或者做家务。

其实，这种时候是为孩子的积极情绪锦上添花的绝佳时机。我在第 1 章中提到，积极情绪不仅有助于复原力的培养，还有助于培养其他能力。为了让孩子多多感受积极情绪，家长应该不失时机地引导孩子。

当孩子专注地进行某项活动，即处于所谓心流状态时，家长可以在一旁默默关注。等活动告一段落，家长可以上前对孩子说："你好专注啊，玩这个感觉怎么样？"这样，孩子就可以通过与家长分享快乐，强化他自己的积极情绪。

当孩子玩得十分开心的时候，家长也可以用试探的口吻问孩子："这好像很有意思，我能和你一起玩吗？"和他人一起感受快乐，同样可以强化积极情绪，而家长可以做孩子最好的伙伴。

积极心理学的诸多研究表明，培养积极情绪是对孩子的未来最好的投资。我在第1章中已经详细介绍了积极情绪的重要性。在这里我想再强调一下，积极情绪有非常强大的力量，可以深化孩子与周围人的关系，激励孩子克服困难、走出困境。因此，我衷心地希望各位家长重视培养孩子的积极情绪。

需要说明的是，引导孩子感受积极情绪并不意味着要让孩子时刻保持积极的情绪状态，因为消极情绪有助于培养抗压能力，积极情绪和消极情绪对培养孩子的复原力来说都是不可或缺的。

# 结语

现实的育儿经历与理想状态必然有差距，育儿类图书提供的各种小妙招有可能失灵。

我在生了女儿后就遇到了这样的问题。起初，我感到一筹莫展，拿着育儿类图书翻来覆去地看，在不安中扫视着书页的边边角角。直到有一天我把目光转向女儿时，我突然意识到自己最应该关注的是正在一天天长大的她。我终于明白，仔细观察孩子，尝试理解孩子想要表达的意思，用恰当的话语与孩子沟通，才是增进亲子感情最好的方式。

我在前文中说过，父母只有接纳孩子真实的情绪，说出的话才能触动孩子的内心，进而起到有效的引导作用。当然，人无完人。当感到烦恼时，对做出的选择没有信心时，父母完全不必自责，更不必觉得自己是不合格的家长。培养内心强大的孩子是一件非常复杂的事，一般的方法很难见效。况且，随着孩子的成长，我们需要解决的问题还会出现各种各样的变化，且问题层出不穷。

此外，培养内心强大的孩子也是一个漫长的过程。请记住，每一次的经验都会让孩子成长，让他更强大。希望大家灵活借鉴本书所介绍的方法，让"父母的话语"在孩子的成长过程中起到作用。

在此，我要对本书提到的各位研究者、日本积极教育协会的同事以及为本书贡献了诸多灵感的孩子和家长由衷地说声"谢谢"。同时，感谢木村直美女士一直以来的支持，她的话让我在写作本书时热情高涨。我还要感谢日本主妇之友出版社的金泽老师和黑部老师，是他们注意到恰当的话语有助于培养孩子的复原力；因为有他们的鼎力相助，才有了这本书。

我还要感谢我已经离世的父亲。他在弥留之际对我说："我真

想把更多的经验传授给你……"他对生活的态度和对我的谆谆教

导，至今仍给予我无穷力量。

　　我衷心地希望，每个孩子都拥有幸福而坚韧的人生。